南京水利科学研究院出版基金资助

港口建设环境条件分析

韩乃斌　辛文杰　张馥桂

吴为贤　韩　兴　吕恒柱　著

海洋出版社

2018年·北京

图书在版编目（CIP）数据

港口建设环境条件分析/韩乃斌等著. —北京：海洋出版社，2017. 12

ISBN 978-7-5210-0005-4

Ⅰ.①港…　Ⅱ.①韩…　Ⅲ.①港口建设–研究　Ⅳ.①U65

中国版本图书馆 CIP 数据核字（2018）第 046648 号

责任编辑：白　燕　林峰竹

责任印制：赵麟苏

海洋出版社　出版发行

http：//www. oceanpress. com. cn

北京市海淀区大慧寺路 8 号　邮编：100081

北京朝阳印刷厂有限责任公司印刷　新华书店总经销

2018 年 7 月第 1 版　2018 年 7 月北京第 1 次印刷

开本：787mm×1092mm　1/16　印张：11. 25

字数：250 千字　定价：58. 00 元

发行部：62132549　邮购部：68038093　总编室：62114335

海洋版图书印、装错误可随时退换

前　言

海上运输是国际贸易中最主要的运输方式，运量大、费用低，航道四通八达，通过能力强，具有不可替代的优势。港口是连接海上运输的关键节点，港口建设对促进国民经济发展具有非常重要的作用。20 世纪 80 年代至 90 年代，随着我国改革开放的实施，对外贸易和能源、原材料运输的需求迅猛增长，港口建设进入快速发展期。这一时期，国家首先在沿海 14 个开放城市开辟了大量新港区，并实施沿海主枢纽港布局规划，建设了一批专业化码头，也相应建设了一批为地方经济发展服务的中小型港口，初步形成了沿海地区大中小港口相结合的港口布局。本书所陈述的三个港口建设环境条件分析研究成果，就是在这个时期港口建设过程中形成的，分别服务于浙江省苍南县巴艚港综合性港口建设、浙江省苍南县新美洲大型钾肥厂专用码头建设、广东省深圳市深圳港宝安综合港区建设。

第 1 部分　苍南县巴艚港建港条件初步研究

巴艚港位于浙江省苍南县的东北部，敖江口的南侧，具有向敖江流域和向苍南县辐射的优势，是具有开发前景的一个地方性港口。随着地方经济的发展，苍南县把建设港口提到一个很高的位置。受苍南县的委托，南京水利科学研究院对巴艚港建设的必要性和可行性进行了分析。南京水利科学研究院开展了现场 6 km² 比例尺为 1∶5 000 的水下地形测量，同时还进行了 3 个水文点和 3 个水位站的同步大、小潮水文测量和水位测量，并对本海区的波浪、潮流、气象、水文等自然条件进行了分析。根据其自然条件，提出了港口规划的设想和回淤预报，运用数学模型的研究手段，对工程建设之后可能造成的影响进行了分析，为建设巴艚港提供了科学依据。

第 2 部分　苍南新美洲建港条件初步研究

温州市苍南县，地处我国东南沿海，历来为浙南闽北物资的集散地，区位优势突出。县内被誉为"世界矾都"的矾山镇蕴藏着丰富的明矾石资源，其储量和品位居全国之首、世界著称，其中水尾山矿区的矾石储量超过 7 000×10⁴ t，平均品位达 46.88%，因此苍南县具有建设 25×10⁴～50×10⁴ t/a，乃至更大规模的钾肥厂的发展前景。新美洲位于距龙港镇约 5 km 的敖江河口段南岸，该处民房和其他建筑物甚少，地面平整，用地成本低，拆迁量很少，其南部尚可围垦 3 万亩土地，能够满足大钾肥厂项目土地使用的要求和发展的需要。在新美洲建设 25×10^4 t/a 钾肥厂，关键在于新美洲钾肥厂前沿的敖江边能否建设 1 000 吨级的专用码头，以保证钾肥厂进口原料的供应，确保钾肥厂的正常生产。为此，苍南县计委委托南京水利科学研究院，就新美洲建港条件进行初步研究。重点研究新美洲建港的水深条件、码头的通过能力，并初步进行拟建码头的规划布置，对新美洲的自然条件和敖江河口地区的演变也进行了概略的叙述和分析，以供温州地区 25×10^4 t/a 钾肥厂址选址时参考使用。

第 3 部分　深圳港宝安综合港区滩槽稳定性研究

本研究通过河口动力地貌分析，运用二维潮流数学模型和泥沙回淤预报技术等综合手段，对深圳港宝安综合港区规划建设中有关滩槽稳定性方面的问题进行了深入的专题研究，研究成果表明：港区所至的伶仃洋东部水域，潮流动力较强，水体含沙量较小，滩槽变迁缓慢，建港条件比较优越。报告分析认为，交椅湾是保持港区深槽稳定的重要环境，应注意加强保护；拟建港区深槽流速大，含沙浓度低，边滩流速小，含沙浓度高，并且近岸潮流先涨先落，易形成回流，因此规划港区应充分考虑深水区的开发利用。从数学模型的计算结果发现：人工岛方案（方案一）对边滩水流的影响最小，对交椅湾浅滩的潮流略有影响；长栈桥方案（方案四）对交椅湾及交椅沙浅滩的潮流动力有较大的调整改变；大顺岸方案（方案二、方案三）使港区下游近岸区的涨潮流有所减弱，落潮流有所增强。各方案码头前沿港池的流速衰减幅度都较大，涨、落潮流与航道的交角也比较大，挖入式港池（方案五）在涨潮流期间有明显的回流。泥沙回淤预报结果反映出浅水区开挖的港池内回淤强度比较大，航道以及天然水深较大的港池回淤比较轻微，挖入式港池的回流淤积比较严重。大风浪引起的骤淤一般在 40 cm 以内，只有在两场台风连续作用的极端在情况下，浅水区开挖的航道内会形成 80 cm 左右的淤积厚度。

综合上述研究成果，报告认为：深圳宝安综合港区的建港条件是比较优越的，港口规划应充分利用交椅湾深槽的天然水深，注意保护周围水域的动力环境，码头泊位和港池应根据地形变化和水流条件规划相应的等级，航道布置尽可能顺应潮流流向。综合比较，认为方案一和方案三的条件相对好一些，经过进一步的优化形成更为合理的方案六和方案七港区平面布置形式。潮流数模和回淤预报的计算结果表明：优化方案的港区水流泥沙环境比原方案有所改善。

本书第 1 部分苍南县巴艚港建港条件初步研究的撰写人为张馥桂、韩乃斌、蒋星科、应强和韩兴①。第2部分苍南新美洲建港条件初步研究的撰写人为张馥桂、韩乃斌、蒋星科、吴为贤和吕恒柱②。第3部分深圳港宝安综合港区滩槽稳定性研究的撰写人为辛文杰、罗肇森、韩乃斌、蒋星科和应强。全书由韩乃斌统稿完成。在苍南县港口建设环境条件分析工作过程中得到了苍南县各级领导和同志们的关怀、帮助和支持；在深圳港宝安综合港区滩槽稳定性研究项目中得到了中山大学河口海岸研究所、广州水运工程设计研究院、广东省航运规划设计院等单位的支持和帮助，在这里表示真诚的感谢！

在本书出版之际，我特别感谢我的弟弟韩乃军为本书有关附图的描绘所做的工作。我也要感谢南京水利科学研究院档案室的李翠华同志，图书馆的沈激杨、邵丽伟和娄继麟等同志的帮助。

由于条件和水平所限，书中不当和错误之处在所难免，恳请读者批评指正。

韩乃斌

---

① 韩兴为交通部第三航务工程设计研究院职工。
② 吕恒柱为南京金宸建筑设计有限公司职工。

目　次

第 1 部分　苍南县巴艚港建港条件初步研究

第 1 部分

苍南县巴艚港建港
条件初步研究

1　概述

巴艚港位于浙江省苍南县的东北部，敖江口的南侧，北距温州市约 80 km，南距苍南县海岸最南端的重镇——霞关镇 42 km，西距苍南县城 27 km（图 1-1）。港口位置具有向敖江流域和苍南县辐射的优势，是苍南县具有开发前景的一个地方性港口。随着地方经济的发展，苍南县把建设港口提到一个很高的位置。而巴艚港的开发对于苍南县来说具有较好的开发前景。南京水利科学研究院受苍南县的委托，对巴艚港建设的必要性和可行性进行分析，为建设巴艚港提供科学依据。为此，南京水利科学研究院进行了现场 6 km² 比例尺为 1：5 000 的水下地形测量，同时还进行了 3 个水文点和 3 个水位站的同步大、小潮水文测量和水位测量，并对本海区的波浪、潮流、气象、水文等自然条件进行了分析，对区域经济发展的需求进行了论证。根据其自然条件，提出了港口规划的设想和回淤预报，并运用数学模型的研究方式，对工程建设之后可能造成的影响进行了

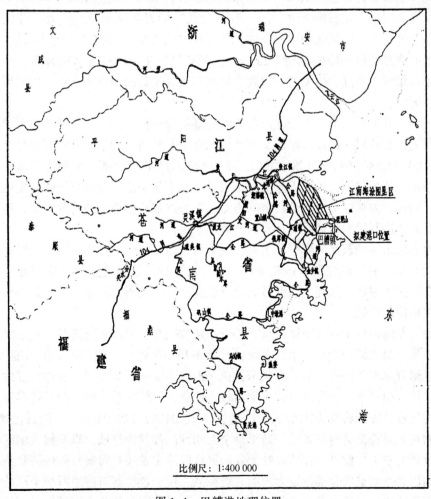

图 1-1　巴艚港地理位置

分析。所得的成果可供决策部门参考。

2　巴艚港建设的必要性

2.1　区域经济发展的需要

苍南县地处浙江省东南沿海，海岸线长 168.8 km，位于我国开放带的中心位置，东连东海，南近台湾，北通上海，区位优势明显。北距温州市区约 80 km，西南毗连福建省鼎县，历来为浙江南大门、浙闽交通咽喉，在浙闽边贸中有十分突出的地位，为两省边界县市的物资集散地。全县人口 110 余万人，陆地面积 1 261.08 km²，拥有丰富的海洋、矿产、旅游资源，经济优势潜力大，可供围垦海涂 7 万亩（1 亩＝0.067 公顷）左右。矿产主要以明矾石、高岭土、叶蜡石、花岗岩等为主，其中已探明矾石储量 $3.3×10^8$ t，占世界总储量的 76%，年开采量占世界的 60%。苍南县是全国 14 个开放地区之一，是全国三大经济模型之一的"温州模式"的发源地和典型代表，首先探索了股份合作企业、经济市场化和城乡一体化的道路。自 1981 年建县以来，国民经济飞速发展，工农业总产值平均每年增长 23.76%。但长期以来，因各项基础设施较差，严重地制约了区域经济和社会的发展。因此，迫切需要寻找新的经济增长点，以便更快地加速经济发展。

从外地经验来看，浙江省宁波市随着北仑港的建成使用，火电厂及其他大型工业企业相继建立，迅速成为浙江省经济实力雄厚的重工业基地。山东省石臼所原是个贫困的小渔村，20 世纪 80 年代初开始建港后，逐步崛起成为我国中部一个现代化海港，日照市也从根本上摆脱贫困。历史上的上海市也是从原来的小渔村历经兴港建市发展成今日的规模。因此，如果能够走兴港建市的道路，以海港带动本地区经济的发展，则将对浙南，尤其是苍南县沿海地区投资环境的改善起积极作用。

苍南县由山区和敖江南岸平原组成，后者为苍南县的经济发达区，国民经济总产值占全县的 80% 左右。但受到水运和能源等条件的制约，使该地区第二次创业、经济进一步飞跃受到了限制。因此，苍南县必须寻找能建大吨位码头的港址，这是当前苍南县迫切需要解决的问题。

苍南县龙港镇位于敖江南岸，虽有若干小吨位码头，但远不能满足本地区经济发展的需要，加上敖江淤积严重，水深有限，整治不易，扩建成大吨位码头的可能性不大。霞关地区附近水深条件好，但陆域狭窄，位于山区，交通不甚便利，地理位置偏南。巴艚镇北靠敖江南岸平原，经济发达，交通较为便利，对外联系方便。而且随着温州—福州铁路的建成，腹地将会大大增加。巴艚镇（27°04′N，120°05′E）近侧有巴艚渔港，开发巴艚港，对苍南县经济飞跃，乃至整个温州地区和敖江流域，以及闽北地区的经济发展有重要的意义。此外，还可以壮大我国沿海经济主轴线和发展对外经济联系。

目前巴艚渔港被农业部标定为国家二级渔港，位于敖江河口南岸海积平原的南端山麓处，系敖江南岸平源水系的主要出口处之一，由三座闸门调节入海的水量。从巴艚镇近几年社会总产值的增长来看，渔业产值占很大比重，渔业产值从 1992 年的 3 448 万元增加到 1995 年的 16 800 万元，平均增长率在 70% 左右。这说明港口的建设对地方经济起着骨干作用。但目前巴艚渔港出口狭窄，船多为患，船类繁杂，拥挤不堪，严重地影响了正常的渔业生产。从这个角度上讲，扩建巴艚港是当务之急。巴艚港一旦扩建成功，可以以港口和城镇基础设施为依托，利用附近丰富的海涂，吸引大批投资来开发此资源，发展滩涂海产养殖，增添大马力钢质渔轮，发展远洋捕捞业。另外，有了海港，还可以随着东海油气资源的开发，或利用国外原油，发展石油加工业；利用沿海盐业生产的基础，发展大型盐化工业等。

港口的性质和功能是由自然条件和社会需求两个方面的因素决定的。巴艚渔港附近的自然环境和丰富的滩涂资源极为宝贵。根据"浅水浅用、深水深用"的岸线利用原则，苍南县可把霞关区海域规划为深水过驳码头，把巴艚港规划为兼有工业、商业和渔业多功能的综合性港口，使港内既有港口工业配套的专业码头（如火力发电厂煤码头），又有集散物资的泊位；既有工业泊位，又有渔业专业码头；既有骨干泊位，又有一批小型泊位。

在港口规划和实施过程中，港口的性质和功能还会随着各时期区域经济的发展水平、建港资金的来源等多种因素的变化而变化，需要分阶段进行调整和修订。根据苍南县统计，1981—1994 年供电量平均年递增 21.74%，1994 年全县最高负荷达 52 900 kW，供电量 29 813.64 kWh，其中工农业生产用电量 18 606 kWh，占全县用电量的 68.3%。按照苍南县 2000 年发展目标，工农业总产值将达到 208 亿元，其中电力至关重要，为此建设能源基地刻不容缓，计划争取建设规划为 4×125 MW，或者 2×300 MW 机组的火力电厂。这种规划的电厂燃煤量大于 $180×10^4$ t/a，可以考虑在巴艚港建设专业码头用 5 000 吨级自航驳运输。所以，巴艚港近期可结合火力发电厂的建设，以 5 000 吨级的专业码头为启动工程，这种以项目带动港口的工程建设，具有效益明显、投资相对较少和资金筹集渠道较宽等特点。

同时，为配合大港建设，开发海洋资源，发展海洋捕捞业，可规划建设适当的渔业专业码头，这无疑对苍南县，尤其是巴艚镇渔业生产是十分有利的。另外，可结合东海油气开发和钾肥工业的发展，布置泊位。在港口建设中考虑预留一定的泊位，进行必要的远景规划，以使其有可能建成多功能的综合性海港。为了保证港口建设和使用要求，应考虑在港区附近安排大动力和大耗水量的重型工业，如电力、炼油、水厂等建设项目，发挥港口带动沿海经济发展的作用，促进沿海临港产业带的形成和发展。

2.2　改善港口布局的需要

浙南沿海除温州有一座较大型的港口外，近百千米的海岸线上没有一座现代化的港口。目前苍南一带的外贸物资主要通过公路运输运到温州港或更远的港口外运。转运环节多、时间长、运费高，不但增加了产品的成本，降低了向外竞争的能力，同时也使地方工业难以形成合理布局。如不另辟运输渠道，提高现有运输渠道的通过能力，将会制约苍南经济的发展。因此，利用巴艚地区的自然条件，建设巴艚港，直接打通苍南的出海通道势在必行。

3　港口开发经济论证

3.1　巴艚港开发经济运量预测

巴艚港近期开发主要为苍南县区域经济服务，地方经济腹地主要限于苍南县范围以内，包括以县城灵溪镇为中心的浙闽边贸开发区和龙港经济开发区以及马站农业综合开发区，腹地盛产的明矾矿石、水产品、原盐及轻工产品、农副产品由本港出口；腹地所需煤炭、石油产品、化肥、水泥、钢材、面粉、药杂及钾肥厂所需原料等由本港转运。江南海涂围垦后，可用来建设渔业加工区，开发房地产业，兴建新型工业区，建设大型钾肥厂及相关产品的化工工业。

经巴艚港中转和通经的腹地范围，包括周边的平阳县、泰顺县、文成县、瑞安市，福建福鼎县、寿守县以及浙江省丽水地区。

经温州市经济建设规划院综合论证，拟在苍南兴建年产 $25×10^4$ t 的大型钾肥厂，苍南正积极争取建设发电能力为 $60×10^4$ kW 的燃煤发电厂。因此，巴艚港近期货流的形成主要与苍南钾肥厂和发电厂建设有相当密切的关系，巴艚港起步工程建设主要为苍南钾肥厂和发电厂服务，主要装卸货物为发电厂用煤和钾肥厂所需的生产原料及产出的产品。另外，随着苍南县对区域外经济交流日益频繁，进出县境的货物也会急剧增加。巴艚港建成后，将会对县境外的运输联系以及货运量在各种运输方式之间的分配产生影响，转移并吸引一些送达速度快、中间环节少、运输便利、货损少、运输费用低的货物，形成港口其他来源。

预计到 2005 年经巴艚港运进的煤炭为 $210×10^4$ t，其中苍南新电厂 $180×10^4$ t，钾肥厂 $20×10^4$ t，从巴艚港转运到苍南县境内 $10×10^4$ t，进入县境的煤炭运输通道主要有：晋中的西山、阳泉煤经石太线、石德线、胶济线至青岛港、日照港，转海运到巴艚港；晋南煤经太焦线、陇海线东运，并汇集陕西、豫西煤炭，至连云港转海运到巴艚港；大同煤由京包线东运，经秦皇岛港海运至上海港，再中转到巴艚港。

钾肥厂生产需要精矿石 $66×10^4$ t，运输通道主要有：一部分从矾矿用汽车或专用运输通道运至中墩港，再转 300 吨级沿海小船运到巴艚港钾肥厂码头，运量为 $54×10^4$ t，从矾矿至中墩港现有公路距离为 18 km，从中墩港到巴艚港水运距离为 29 km；另一部分从矾矿直接用汽车运输到钾肥厂，运量为 $12×10^4$ t，从矾矿到巴艚港现有公路距离为 66 km，按改道后公路距离为 37 km。钾肥厂另需调入液碱 $30×10^4$ t，由市电化厂供 $21×10^4$ t，外地供 $9×10^4$ t，海运至巴艚港；氯化钾 $15.7×10^4$ t，从国外进口经沿海外贸港口中转至巴艚港。钾肥厂年产的农用钾肥 $23×10^4$ t，除供苍南及周边县市 $3×10^4$ t 外，其余 $20×10^4$ t 均由巴艚港海运运出；钾肥厂的其他产品 $20×10^4$ t 也经巴艚港运出。

预计到 2005 年，经巴艚港转运的货物还有建筑材料 $15×10^4$ t，粮食及化肥 $10×10^4$ t，水产品、原盐等 $10×10^4$ t，其他件杂货 $10×10^4$ t。

3.2　船型预测

巴艚港开发设计代表船型预测，是以港口吞吐量和货流预测为前提，考虑到国内现有船舶实际营运情况和船型发展趋势，充分利用琵琶门附近水域条件，按照经济合理运输原则，根据货种、运距和运量选择船型。

经综合比较，运煤船型采用 5 000 吨级普通散货船方案。设计船型为：载重量 5 000 t，型长 109 m，型宽 19 m，型深 7.7 m，吃水 5.0 m，主机型号为 8NVD，航速为 12~14 节。根据运量预测及其分析，巴艚港近期和远期杂货船型及其他散货船的船型，可参考表 3-1 选择。

表 3-1　巴艚港船型选择参考

船名	型长 (m)	型宽 (m)	型深 (m)	吃水 (m)	备注
15 000 吨级杂货船	148	21.2	12.5	9.20	
8 000 吨级散货船	125	17.5	10.5	7.50	
7 000 吨级货船	119	18.0	10.4	7.40	
5 000 吨级江海直达货船	109	19.0	7.7	5.00	主机功率 2×971 kW
5 000 吨级散货船	107	17.0	8.6	5.80	"林海"型
3 000 吨级货船	101.15	13.8	7.7	6.00	"新华"型
1 500 吨级货船	71.53	12.5	4.2	3.30	二类海区
1 000 吨级货船	63.1	10.5	4.4	3.40	
500 吨级货船	53.56	8.8	4.2	3.40	
300 吨级沿海货船	36.00	7.5	3.5	3.00	
300 吨级运煤船	63.05	10.4	3.0	1.20	
150 吨级沿海货船	39.40	7.2	3.35	2.50	
800 吨级沿海分节驳船	56.23	11.0	3.8	2.25	

3.3　港口集疏运条件分析

巴艚港附近现有通港、通金、通钱公路，均为三级。104 国道贯穿整个苍南境内，离巴艚镇约 10 km 的敖江目前可泊 1 000 吨级以下的货轮，江南平原水网地区目前也仅能通航小吨位的船舶。铁路和航空业还未起步。这些条件均制约着巴艚港的建设。随着区域经济发展对交通运输的需求，"九五"期间和以后 15 年内，将建成高速公路、温福铁路；建设巴艚至霞关三级油面环海公路；将把龙港—巴艚—金乡公路改造成二级路面；建龙港—巴艚铁路支线；建龙港通用机场以及整治敖江航道，形成以巴艚为中心的公路、铁路和水运多种运输方式相结合的现代化集疏运网络。表 3-2 为巴艚港集疏运量表。

表 3-2 巴艚港集疏运量 （单位：×10⁴ t）

分类	合计	进口量	疏运走向				进口量	集运走向		
			内河	陆运	发电厂	钾肥厂		内河	陆运	钾肥厂
合计	400	340	25	15	180	120	60	10	10	40
煤炭	210	210	7	3	180	20				
明矾煤矿石	54	54				54				
液碱	30	30				30				
氯化钾	16	16				16				
农用钾肥	20						20			20
氯化钠	12						12			12
氧化铝等	8						8			8
建筑材料	15	15	10	5						
粮食及化肥	10	10	5	5						
水产品及原盐等	15						15	10	5	
其他	10	5	3	2			5	5		

3.4 巴艚港开发建设经济综合论证

（1）随着苍南县沿海经济技术开发区的建设，苍南县对外经济联系日益密切，进出海货运急剧增加，现有的运输渠道通过能力难以适应运量增长之需要，客观上要求港口优先建设。

（2）苍南县从上海、温州、宁波和福建港站中转物资，不仅中间环节多，运输成本高，损耗大，而且运输时间也长。开发巴艚港，可以缩短运输路程，减少中间环节，缩短货物在途时间，从而提高了企业的外向竞争能力，这对区域经济的发展无疑将起到促进作用。

（3）苍南县是浙江的南大门，素有"两浙咽喉，八闽唇齿"之称，一直在浙闽边贸中具有十分突出的地位，为浙闽边界县市的物资集散地。巴艚港的开发为浙南闽北地区打开了一条重要的出海通道，促进了以县城灵溪镇为中心的浙闽边贸开发区的形成。

（4）巴艚港的建设将为苍南沿海经济技术开发区的形成创造便利的运输条件，并促进经济技术开发区的发展，成为龙港技术开发区的"窗口"。另一方面，经济技术开发区的发展也会促进巴艚港港口的建设，从而为苍南县经济的发展创造良性循环的条件。

（5）随着巴艚港的逐步开发，港口经济腹地将日趋扩大，特别是敖江航道和飞云江航道整治工程进一步实施，为开发巴艚港提供了广阔的前景。由于巴艚港距敖江口门外航道 7 km，距飞云江口门 20 km。因而在实现"海运—内河"运输中，未来的巴艚港将发挥其中转功能。海运货物经巴艚港转载到内河船舶，上溯敖江、飞云江，到苍南、平阳、瑞安、文成、泰顺等市县的经济腹地。

4 自然条件及自然资源

本节自然条件主要根据苍南县琵琶门海洋水文站提供资料和 1996 年 3 月的水文测验及水下地形测量获得的资料，并参考有关文献资料，通过综合统计分析计算得出的。

4.1 气象

本海区位于中亚热带，受海洋性季风环流影响，气候温和湿润，四季分明，冬暖夏凉，气温适中，雨量充沛。

4.1.1 气温

根据苍南县钱库仙居气象站和平阳县气象资料统计，仙居和平阳多年平均气温分别为 17.8℃ 和 18℃，年极端最高气温分别为 37.5℃ 和 37.7℃，最低气温分别为 −3.2℃ 和 −5℃，多年平均日照时数为 1 866.8 h，日照率 42%，无霜期天数 277 d，相对湿度 83%。仙居站多年各季平均气温如表 4-1 所示。

表 4-1　仙居站多年各季平均气温

季节	春季	夏季	秋季	冬季
平均气温（℃）	15.7	26.7	20.1	8.5

4.1.2 降雨

附近各站多年平均降雨量如表 4-2 所示。由表可知，沿海降雨量小于内陆。

表 4-2　各站多年平均降雨量

站名	灵溪	敖江	马结	仙居
多年平均降雨量（mm）	1 932	1 535	1 362	1 553

表 4-3 为仙居站多年各月平均降雨量。可见年内降雨量分布很不均匀，且呈季节性变化，一般而言，每年 4—6 月为梅雨期，降雨量多，7—8 月受太平洋副热带高压控制，晴热少雨，但在 7—10 月台风登陆期间，常伴有狂风暴雨出现。12 月至翌年 2 月，降雨量相对较少。该地区全年降雨量天数约为 165 d，最大 24 h 暴雨记录为 328.8 mm，最大 3 d 暴雨为 372 mm。

表 4-3　仙居站多年各月平均降雨量

月份	1	2	3	4	5	6	7	8	9	10	11	12
平均降雨量（mm）	55.6	81.0	111.8	169.7	197.7	218.1	117.0	210.2	171.9	95.2	60.9	64.2

4.1.3　风况

本区风向风速受季风影响明显，冬季受蒙古高压控制，盛行北风、西北风；夏季受太平洋副热带高压及其边缘控制，盛行南风、东南风；春、秋两季为南、北气流交替期，风向多变。

琵琶门海洋水文站位于 27°30′N，120°40′E，用自记风速仪测风，风速仪离地面 10 m，定时（每日 8、11、14 和 17 时）测量 2 min 平均风速。根据该站近十年风速资料统计，历年平均风速为 5.0 m/s；最大风速 30 m/s，风向为 ENE，出现在 1994 年 8 月 7 日台风期间，该站实测瞬时最大风速为 40 m/s。历年各月平均风速如表 4-4 所示。历年各月平均风速多在 3.3~6.8 m/s 之间变化，历年 4 月风速最小，8 月、9 月、10 月风速较大。根据琵琶门站 1986—1993 年风资料的统计，大于或等于 6 级风的历年平均实测次数为 80.50 次，7 级风以上为 13.25 次，8 级风以上为 3.5 次。由此可见，大风天数不多。

表 4-4　琵琶门站历年各月平均风速

月份	1	2	3	4	5	6	7	8	9	10	11	12
平均风速（m/s）	5.0	4.9	4.7	4.1	4.6	5.0	5.0	5.5	5.6	5.6	4.9	4.8

由 1985—1994 年琵琶门水文站资料统计得表 4-5。从表 4-5 可知，常风向为 NE、E、SE 和 ENE，它们出现频率的历年平均值分别为 13.4%、12.2%、11.7% 和 11.6%。强风向为 E、ENE 和 W，它们出现的最大风速分别为 30 m/s、30 m/s 和 25 m/s。

表 4-5　琵琶门站历年各向风频率平均值和风速最大值

风向	N	NNE	NE	ENE	E	ESE	SE	SSE	S	SSW	SW	WSW	W	WNW	NW	NNW
频率	0.5	1.7	13.4	11.6	12.2	9.0	11.7	4.2	3.0	2.1	2.0	0.8	10.7	8.5	2	1.3
最大风速（m/s）	14	17	19	30	30	20	17	10	16	12	14	11	25	20	22	16

4.1.4　雾

根据琵琶门海洋水文站观测记录，本地区大雾一般发生在晚 23 点至次日 11 点，每年 1—5 月雾出现次数最多，占全年出现次数的 69.7%。历年雾出现次数变化甚大，最大可相差 5.9 倍。历年出现雾时平均值为 1 446 h（约合 12 d），其中 1990 年雾日最多，约为 20.5 d。

4.1.5　灾害性天气

本地区由于受季风环流影响，灾害性天气主要是台风、强冷空气、暴雨和干旱等，其中台风是最重大灾害性天气，常伴有暴风雨和风暴潮，造成严重灾害。

根据琵琶门海洋水文站观测记录，1985—1994 年实测到的有较大影响的几次台风期间的风况汇于表 4-6 中。表中风速值系 2 min 平均风速的实测值。

表 4-6　琵琶门站 1985—1994 年台风期间风况

台风号	时间	风况	
		风速（m/s）	风向
8510	1985. 8. 23　14：00	22	ENE
8707	1987. 8. 27　11：00	18	E
9018	1990. 9. 8　14：00	19	ESE
9117	1991. 9. 12　11：00	15	ENE
9216	1992. 8. 29　11：00	19	ENE
9414	1994. 8. 8　11：00	30*	ENE
9417	1994. 8. 21　11：00	16	NW

注：*瞬时风速大于 40 m/s。

4.2　海洋水文

本海区东临东海，东侧近岸海上岛屿众多，自西南向东北有铁钉岛、琵琶山、蒜屿、冬瓜岛、长腰山等，其中仅琵琶山面积稍大。远海则有南、北麂列岛和大北列岛等作为屏障。区内有琵琶门海洋水文站，自 1982 年建站以来，陆续观测风况、水位、波浪和雾日。琵琶门站的水尺零点为吴淞零点。

4.2.1　潮汐

根据琵琶门站 1982—1995 年水位资料的统计分析，本区潮汐属半日潮类型，外海潮波传入的过程中，由于受水下地形影响，涨潮历时略小于落潮历时。平均海平面有季节性的明显变化，年平均海平面为 2.10 m（吴淞零点，下同），年变幅为 0.34 m。理论深度基准面在多年平均海平面以下 3.72 m，即吴淞零点以下 1.62 m。

根据琵琶门站 14 年水位资料统计可得：

历年最高水位：6.23 m；

历年最低水位：-2.02 m；

历年最大潮差：7.33 m；

历年最小潮差：1.40 m；

历年平均涨潮历时：6 小时 02 分；

历年平均落潮历时：6 小时 24 分。

利用琵琶门站 1994 年逐时水位资料，按照《港口工程技术规范》，进行潮位累积频率曲线分析计算得：

设计高水位：4.98 m；

设计低水位：-0.95 m；

保证率分别为 80%、85%、90% 和 95% 的乘潮水位如表 6-1 所示。

五十年一遇的校核高水位和校核低水位分别为 6.78 m 和 -2.06 m。

4.2.2 潮流

本海区流场主要受外海传来的 M_2 分潮控制，属半日潮流海区。外海传来的潮波因在巴艚港内被深槽吸引，所以此处的潮流方向基本与水下地形走向一致，由东向西，呈往复流运动。蒜屿附近水流为南北向为主的沿岸流。在东西向和南北向往复流区域之间，则为过渡区，其水流方向多变，流速亦较小。

4.2.3 波浪

琵琶门海洋水文站从 1985 年开始进行波浪观测。用 SBA1-2 型岸用测波仪，按《海滨观测规范》，每天定时观测 4 次（8、11、14 和 17 时）在 $100T$ 的时间内，测得 15~20 个大波波高，从中选出 10 个较大的波高加以平均，由此得出报表中的所谓"平均波高"。《港口工程技术规范》指出，此波高约等于 $H_{1/10}$ 或 $H_{4\%}$。《海港水文规范编制说明》中指出，对于岸用测波仪或目测的海浪观测记录报表中所谓的"最大波高"的意义，根据青岛、塘沽、大连等站的资料进行统计，得到"最大波高"与"平均波高"的比值为 1.18~1.22，而 $H_{1\%}/H_{1/10}$ 的理论值为 1.19，两者很接近；故可以认为报表中的"最大波高"实际上相当于 $H_{1\%}$。通过对琵琶门站两年实测资料的分析，报表中"最大波高"等于 1.19 倍"平均波高"。因此，可以认为琵琶门海洋水文站波浪资料中的"最大波高"和"平均波高"也分别相当于 $H_{1\%}$ 或 $H_{1/10}$（或 $H_{4\%}$）。

根据琵琶门站资料统计，历年多出现混合浪，风浪和涌浪出现频率的历年平均值为 74.55 和 91.67%，涌浪出现的频率大于风浪。涌浪浪向基本上集中在 ENE 和 E 向。

表 4-7 为琵琶门站各向波浪出现频率的历年平均值。由该表可见，本海区的常浪向为 E、ENE 和 NE，它们出现的平均频率分别为 88.1%、16.1% 和 12.1%。表 4-8 为琵琶门站历年各向波浪出现的最大值。由该表可见，此区的强浪向为 ENE 和 E 向，NE 向浪也不小，为 3.0 m。由该表还可以看到，各向出现的最大波浪（$H_{1\%}$）差异较大，其中以 WSW 和 SSW 向最小，为 1.0 m，ENE 向最大，为 6.7 m，E 向次之，为 6.5 m。由此可见，波浪方向与风向基本一致，在本地区形成 ENE（含 NE 和 E）向为主方向和常方向。

表 4-7 琵琶门站各向波浪出现频率（%）

N	NNE	NE	ENE	E	ESE	SE	SSE	S	SSW	WW	WSW	W	WNW	NW	NNW
1.2	1.5	12.1	16.1	88.1	4.2	6.1	2.2	3.7	0.2	0.5	0.2	2.3	2.8	2.9	0.6

表 4-8 琵琶门站各向波浪最大值（$H_{1\%}$，以 m 计）

N	NNE	NE	ENE	E	ESE	SE	SSE	S	SSW	SW	WSW	W	WNW	NW	NNW
1.4	1.5	3.0	6.7	6.5	2.4	1.9	1.3	1.5	1.0	1.1	1.0	1.2	1.6	1.8	1.6

表 4-9 为琵琶站历年各月平均波高统计值，由该表可知，本海区年平均波高为 0.7 m，各月波高的历年平均值变化不大，为 0.6~0.8 m。

表 4-9　琵琶门站历年各月平均波高（$H_{1/10}$，以 m 计）

年平均	1 月	2 月	3 月	4 月	5 月	6 月	7 月	8 月	9 月	10 月	11 月	12 月
0.7	0.8	0.7	0.7	0.6	0.6	0.6	0.6	0.7	0.8	0.8	0.8	0.7

历年平均波周期为 5.0 s，最大平均波周期发生在 1992 年 8 月，$\overline{T}=20.4$ s，为 E 向浪。最大波高发生在 1994 年 9414 号台风期间，$H_{1\%}=6.7$ m，$H_{1/10}=5.8$ m，相应的 $\overline{T}=11$ s，为 E 向浪。

据统计，3.0 m 以上的大浪多出现在台风季节 E 向和 ENE 向。各级波浪出现的频率为：0~2 级浪占 28.01%，3 级占 68.25%，4 级浪占 3.47%，5 级浪占 0.24%，6 级浪占 0.03%。可见本海区 1.4 m 以下的浪出现频率最大，占 96.26%，3 m 以上的浪很少，仅占 0.27%。

台风是造成本地区大浪的主要原因。根据琵琶门站记录，实测到的有较大影响的台风期间的波况列于表 4-10。

表 4-10　琵琶门站台风期间波况记录

台风编号	$H_{1/10}$(m)	$H_{1\%}$(m)	$\overline{T}$ (s)	波向
8510	5.0	5.9	6.9	ENE, E
8617	3.0	3.2	10.7	E
8707	3.8	4.0	13.1	E
9018	4.6	4.7	11.5	E
9107	3.2	3.3	10.5	E
9120	3.0	3.1	15.0	NW
9204	3.1	3.2	11.4	NE, ENE
9216	3.9	4.0	13.0	E
9307	3.4	3.7	13.9	E
9414	6.1	6.7	15.0	ENE, E
9417	5.8	6.5	11.0	E

综上所述，按《港口工程技术规范》可考虑强浪向为本海区主波向。计算设计波要素时，按规范规定：当需要确定某一主波向在不同重现期的设计波浪时，年最大波高及其对应周期的数据一般在该方向左右各一个方位的范围内选取。考虑到琵琶门站仅 10 年资料，除采用年极值频率分析法来确定各重现期的波要素外，同时应用了月极值频率分析，用皮尔逊Ⅲ型曲线进行适线。

年极值取样频率 P_y 和重现期 T_y 之间的关系：

$$T_y = \frac{100}{P_y} \tag{2-1}$$

月极值取样频率 P_m 和重现期 T_m 之间的关系：

$$T_m = \frac{100}{P_m \overline{S}} \tag{2-2}$$

式（2-2）中 $\bar{S}$ 为每年选取月数的平均值。本书选取 4 年共 48 个月极值进行分析，故 $\bar{S}=12$。统计分析时，年极值和月极值均取 $H_{1\%}$ 及其对应的周期。本书最后采用值为二者的平均值。计算结果列于表 4-11，浙江省围垦局勘测设计所在《浙江省苍南县江南围涂工程可行性研究报告》中的计算结果也一并列入该表，以资参考。

表 4-11　设计波要素

波要素	波向、方法		参数			重现期					
			$\bar{x}$	C_v	C_s	50 年	25 年	20 年	10 年	5 年	2 年
$H_{1\%}$（m）	ENE	年极值法	4.08	0.40	1.60	8.6	7.6	7.2	6.2	5.2	3.7
		月极值法	2.41	0.48	1.92	8.6	7.7	7.2	6.7	6.0	4.9
		平均值				8.6	7.7	7.2	6.5	5.6	4.3
	NNE		3.04	0.52	2.3	7.7		6.2	5.0	3.9	
	NE		3.04	0.52	2.3	7.7		6.2	5.0	3.9	
	SE		1.55	0.49	3.0	4.0		3.8	2.45	1.89	
$\bar{T}$（s）	ENE	年极值法	11.9	0.31	0.31	20.0	18.7	18.3	16.7	14.9	11.7
		月极值法	8.44	0.38	1.14	22.5	21.0	20.0	18.7	17.2	15.0
		平均值				21.2	19.8	19.4	17.7	16.0	13.4
	NNE		8.63	0.34	0.61	15.5		13.9	12.5	11.0	
	NE		8.63	0.34	0.61	15.5		13.9	12.5	11.0	
	SE		6.78	0.24	1.93	11.5		10.1	8.9	7.8	

4.2.4　泥沙

根据 1996 年 3 月进行的水文测验得到悬沙含沙量特征值如表 4-12 所示。

表 4-12　垂线平均悬沙含沙量特征值　　　　　　　　　（单位：kg/m³）

潮时	站号	涨潮平均	落潮平均	全潮平均						
				$R_{1.0}$	$R_{0.8}$	$R_{0.6}$	$R_{0.4}$	$R_{0.2}$	$R_{0.0}$	平均
大潮	1	0.646	0.758	0.670	0.620	0.761	0.478	0.507	0.336	0.708
	2	0.444	0.343	0.518	0.480	0.432	0.396	0.317	0.307	0.401
	3	0.652	0.435	0.574	0.699	0.620	0.361	0.413	0.248	0.562
小潮	1	0.347	0.564	0.645	0.506	0.493	0.286	0.368	0.241	0.461
	2	0.272	0.295	0.380	0.345	0.271	0.227	0.229	0.209	0.281
	3	0.181	0.412	0.466	0.291	0.331	0.218	0.294	0.197	0.322

注：①测站位置

1 号站　　27°30′12″N　　120°39′41″E
2 号站　　27°30′14″N　　120°40′24″E
3 号站　　27°30′19″N　　120°41′00″E

② $R_{1.0}$、$R_{0.8}$、$R_{0.6}$、$R_{0.4}$、$R_{0.2}$、$R_{0.0}$ 分别指水底、0.8、0.6、0.4、0.2 和水面平均含沙量。

根据水文测验结果，表层含沙量小于底层含沙量；小潮含沙量比大潮含沙量小；实测最大含沙量为 3.20 kg/m³，发生在大潮落潮时；涨潮最大含沙量为 2.88 kg/m³；全潮平均含沙量为 0.281~0.708 kg/m³；涨潮平均含沙量为 0.181~0.652 kg/m³；落潮平均含沙量为 0.295~0.758 kg/m³。

底沙中值粒径见表 5-3，悬沙和底沙粒径属同一等级。

4.3　地形地质地震概述

本区位于苍南县巴艚镇附近海域，在地质构造上仍处于华厦褶皱带范围内。区内周边的低山、丘陵、沿海岛屿均系雁荡山山脉余延，绝大多数为晚侏罗世火山沉积岩及燕山期侵入岩组成。附近敖江南岸平原地势较低，河网纵横交错，平原间的侵蚀基岩海岸经浪蚀作用而多形成海蚀崖、海蚀沟和海蚀穴等海岸地貌现象。

琵琶门西侧为丘陵环绕的港湾，北有岛屿琵琶山，其最高高程为 146 m；南部沿海丘陵以白玉坑为最高，其高程为 394.2 m，其余仅为 100 m 左右的小丘陵。西侧的潮间带滩地，与敖江南岸的潮间带连成一片。港湾周边基岸裸露，由晶屑熔结凝灰岩或凝灰岩组成，颜色青灰或深灰。岩石抗风化能力强，不存在危岩，上下较均匀，上部主要是粉砂质黏土物质，含水量随深度增加而逐渐减少。在近岸地段，沉积物中含有贝壳碎片，下部 30 m 左右，出现亚砂土层，沉积物逐渐向粗转化。

琵琶门东侧，从琵琶山至平阳嘴的陆域是一开口的弧形岸线，基本由基岩海岸构成，其间有小的岬角和海岙相伴。海岸前沿潮滩发育，滩面物质由细颗粒黏土质粉砂和粉砂质黏土组成，南北狭、中间宽。海滩外侧为连片的水下浅滩。根据 1996 年 3 月水下地形测量，该范围内的水下地形变化缓慢，即水深缓慢变化。在铁盯山周围和琵琶山东南侧有明、暗礁多处。根据国家海洋局第二海洋研究所的浅层剖面探深结果，可知海底沉积了 6.0~9.0 m 厚的粉砂质黏土粉砂，对今后港池航道的开挖是有利的。

根据国家地震局 1990 年颁布的《中国地震烈度区划图》，苍南地区地震烈度属Ⅵ度区。

4.4　淡水资源

本海区连接苍南县江南平原，该平原河道纵横交错，蓄水容积达 3 131×10⁴ m³，其中巴艚陡门头河流量最大，仅东魁河和巴艚大河蓄水量可达 40×10⁴ m³，每年通过巴艚水闸 3 组 10 孔泄放大量淡水入海，但水质较差，溶解氧小，为Ⅳ类水。

巴艚镇东山白玉坑的山表渗水分两支下流，一支从北岭山下流，常年不息，大旱年最低流量 4 800 m³/d，正常年流量在 300×10⁴ m³ 以上，可作为工程前期用水。

此外，根据苍南县规划，以吴家园为水源，以平原引水工程为渠道供应龙港、巴艚等江南八镇水源；巴艚将建 50×10⁴ m³ 的东山水库及供水能力为 0.5×10⁴ m³ 的水厂及管网。

4.5 海涂资源

该海区以北至敖江口，潮间带海涂资源十分丰富，在理论基准面以上的海涂面积有 4.5 万亩以上，涂面平坦，纵坡约 $\frac{1}{1\,300}$。它北临敖江，南至琵琶山，西接江南平原，东濒东海，行政上隶属于苍南县巴艚镇、芦浦镇和龙港镇。其中，巴艚镇辖区内可围海涂约 2.7 万亩。为此，浙江省水利厅围垦局进行了大量勘测、研究和设计工作，并计划实施围垦。此范围内大面积的海涂资源的开发，无疑对巴艚港的开发发展具有十分重要的意义。

5　巴艚港现状分析

5.1　概述

目前巴艚港为渔港，港域宽 2.35 km，长 4.35 km，其范围西岸起于林家院与泮河西分界点，东至巴艚长腰，炎亭平阻嘴，北至琵琶山，面积约 10 km²。巴艚港可分为内港和外港。内港是指巴艚镇附近水域，目前渔轮可以候潮进港，港内可停泊各类渔船千余艘，1 500 吨级的油船可直接进入内港，它是苍南县乃至温州市最大的渔港之一。巴艚港的外港是指琵琶门附近水域。目前琵琶门口宽度为 280 m 左右，港内底床标高为 $\nabla - 2 \sim \nabla 2$ m（基准面为理论基面，下同）。有一条浅水潮沟连接内港与外港，琵琶门口最浅水深为 1.6 m 左右，向外航道逐渐加深。

随着苍南经济的飞速发展，尤其是巴艚及附近区域经济突飞猛进的发展，对巴艚港提出了新的要求，巴艚外港的条件如何，已经成为关注的焦点，外港建港条件的优劣将成为开发巴艚港的关键。

巴艚港外港的建港条件是指港口的航道条件和港域的其他条件。本章的重点是在分析港域、航道及附近区域演变和现状的基础上，对港区水域作出综合评价，为港口规划服务。

5.2　巴艚港域及外航道的地形变化

5.2.1　巴艚港的动力条件

巴艚港的动力条件主要由潮汐、径流和波浪三个方面构成。波浪动力已在前面自然条件一节中有详细介绍，这里主要介绍潮汐和径流条件。

如前所述，这里的潮汐动力较强，平均潮差为 4.30 m，最大潮差可达 7.33 m，平均涨潮历时为 6 小时 2 分，平均落潮历时为 6 小时 24 分。本海区潮流的运动形式为准往复流。从本次水文测验 3 个测点（图 5-1）的流速流向来看，港内的 1 号测点受地形影响明显，涨、落潮流呈往复流性质，涨潮主流向为 270°~280°，最大涨潮垂线平均流速为 0.75 m/s，落潮主流向为 0°～90°，最大落潮垂线平均流速为 0.76 m/s；琵琶门口外 2 号测点的动力特性与港内 1 号测点明显不同，该点的流向受港外的沿岸流和港内的往复流联合影响，其涨、落潮流速明显减少，最大涨、落潮垂线平均流速分别为 0.48 m/s、0.53 m/s，较 1 号测点分别减小 36% 和 30%；琵琶门口外 3 号测点的动力特性又与 1 号、2 号测点有明显差别，3 号测点的动力特性基本上受沿岸流控制，涨潮主流向为 330° 左右，最大涨潮垂线平均流速为 0.78 m/s，落潮主流向为 145° 左右，最大落潮垂线平均流速为 77 m/s。从动力强度来看，1 号和 3 号测点的动力强于 2 号测点，这从地形变化中也可以反映出这一点。

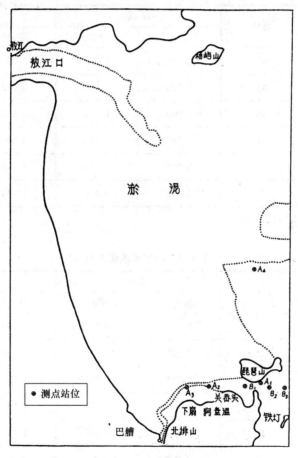

图 5-1 观测站位分布

巴艚港除潮汐动力外，还有上游径流的影响，巴艚港是敖江口南岸冲积平原南端的新陡门与玉坑山西麓的北排山之间平原水系的主要排水通。目前具有 10 孔水闸控制排蓄，它们分别是阴均 3 孔水闸，东奎 3 孔水闸和巴艚断 4 孔水闸，排涝总能力为 140 m³/s。据河道管理所 1992—1994 年实测资料统计，每年 3—5 月为丰水期，如 1992 年 3 月排水量就达 8 672.4×10⁴ m³，丰水期内三年平均每月排水量为 4 364×10⁴ m³。此外 7—9 月台风季节往往也有较大的排水量。在这些径流作用下加上强劲的潮汐动力塑造了长约 4 km、宽约 120 m 的连接巴艚内、外港的通道。

综上所述，巴艚港的动力条件主要为潮汐动力，丰水期的上游排水也对巴艚港起着积极作用。

5.2.2　巴艚港的泥沙条件

历次水文测量中含沙量特征见表 5-1、表 5-2、表 5-3，水文测量的各测点位置如图 5-1 所示。

表 5-1　大潮垂线含沙量　（单位：kg/m³）

测量时间	站号	涨潮		落潮	
		最大*	平均	最大*	平均
1994.11—12	A1	6.550	0.728	3.200	0.729
	A2	2.220	0.621	2.242	0.938
	A3	1.000	0.504	2.207	0.626
1996.3	B1	1.710	0.646	3.200	0.758
	B2	0.675	0.444	1.410	0.343
	B3	2.880	0.652	1.110	0.435

* 是指分层测量资料中的最大值。

表 5-2　小潮垂线含沙量　（单位：kg/m³）

测量时间	站号	涨潮		落潮	
		最大*	平均	最大*	平均
1994.11—12	A1	3.561	0.611	1.292	0.679
	A2	1.721	0.859	1.148	0.658
	A3	0.784	0.411	2.520	0.654
	A4	3.743	0.924	2.984	0.950
1996.3	B1	1.850	0.347	1.730	0.564
	B2	0.682	0.272	1.410	0.295
	B3	0.369	0.181	1.080	0.412

* 是指分层测量资料中的最大值。

表 5-3　底沙中值粒径变化　　　　　（单位：mm）

点位	B₁	B₂	B₃
1996. 3. 6	0.007 2	0.001 9	0.004 0
1996. 3. 12	0.006 1	0.001 7	0.003 4

$$表\ 5\text{-}3\quad 底沙中值粒径变化$$

从上述各表可以看出本海域的落潮含沙量大于涨潮含沙量。从海域地形可以看出，本海域北侧存在着大片近岸滩涂，稍有风浪，海域的含沙量就会明显上升；从泥沙输沙方向看，近岸滩涂是本海域的主要泥沙来源，一旦江南围涂工程实施，就切断了本区的大部分泥沙来源，将有利于巴艚港港池、航道的维护。另从悬沙粒径状况和底沙粒径状况可以看出，悬沙与底沙粒径属于同一等级，也就是说，本海区的淤积主要是悬沙淤积；各测点的底沙粒径分布也反映出各测点动力状况，就是说 1 号测点、3 号测点的动力条件较 2 号测点为强。

5.2.3　巴艚港附近的滩面及外航道的冲淤变化

巴艚港附近的滩面变化主要包括：拟建港区的地形变化和江南滩涂的冲淤变化。

如图 5-2 所示，江南滩涂是敖江口南侧、琵琶山以北的近岸边滩，黄中陡门和儒

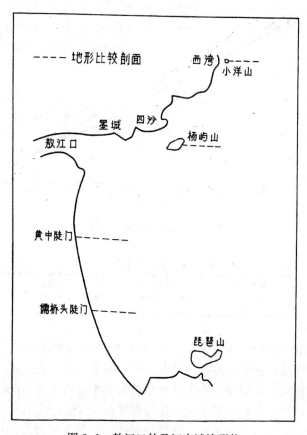

图 5-2　敖江口外及江南滩涂形势

桥头陡门附近的滩面变化如图 5-3、图 5-4 所示。从图中可以看出：两个断面均有微量冲刷，幅度为 0~0.5 m，个别地方冲刷较大是敖江出口摆动所致；但就总体而言，既未严重冲刷，也未迅速淤涨，保持相对平衡状态。江南滩涂资源的情况见表 5-4。

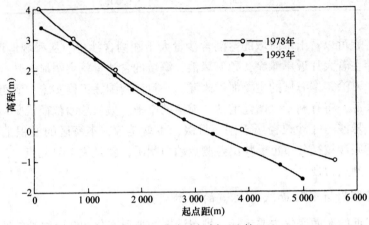

图 5-3　黄中陡门剖面比较

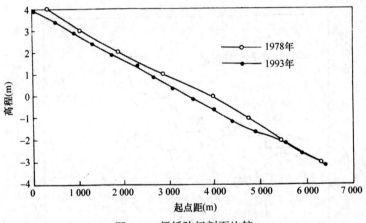

图 5-4　儒桥陡门剖面比较

表 5-4　江南滩涂资源

高程（黄海，m）	-2.0 以上	-1.0 以上	0.0 以上	1.0 以上
资源（万亩）	4.5	3.5	2.5	1.5

根据 20 世纪 70 年代初水深测量资料和 90 年代初测量的水下地形资料，就巴艚港内港而言，航槽水深比较稳定，港西和港北的边滩略有淤积，近年来由于进港船舶动力的增加，加上巴艚闸放水冲淤使内港条件有所改善，不过由于主要潮汐动力多年基本一致，因此巴艚港内港的水深条件基本上保持冲淤平衡。

巴艚港的外港是这次研究的重点。长期以来外港外部环境较差，开放程度较低，导致琵琶门附近的建港基础资料非常缺乏。为了开发外港，我们在收集已有资料的基础上对琵琶门及附近水域进行了一次较为全面的水下地形测量,将测量结果与 1965 年海图和 1979 年海岸调查资料相比较:琵琶门附近水深变化不大,底床标高变化范围为 $\nabla 2.0 \sim 2.5$ m,由琵琶门向西侧水深逐渐变浅,向内港水深变浅迅速。从本次测量可看出:关岙头一线航道底床标高为 $\nabla -1.0$ m,向外至琵琶门附近,水深达 2 m 以上,出琵琶门后向外水深略有变浅,但这一状况经过 1 km 后就有改变,变为越向外海水深逐渐增加,到琵琶山外侧底床标高已增加到 $\nabla 2$ m 以上,巴艚港外出海航道的最浅处底床标高为 $\nabla 1.5 \sim \nabla 1.6$ m。将本次测图与 1965 年海图相比较看出:外航道的底坡较缓,为 1:4 000 左右,水深在 30 年中淤浅了 0.8 ~ 1.0 m,年平均淤积仅为 3 cm 左右,这说明本海区外航道的地形变化不大。

综上所述,巴艚港附近的动力条件和泥沙条件长期比较稳定,巴艚港附近的滩涂和外航道变化较小,可以认为目前巴艚港港域和外航道是基本稳定的。

6　巴艚港域规划设想

6.1　规划的原则

港口的总体布局应以港口发展规划为基础,合理利用自然条件,做到远近结合、合理分区,落实"深水深用,浅水浅用"基本原则。其平面布置应尽量避免各类码头的相互干扰,充分发挥各自码头的效率。另外,港域布置应相对集中,以便于综合利用港口设施和集疏运系统。

6.2　港口近期规划

1) 5 000 吨级煤码头

本规划以兴建 60×10^4 kW 燃煤电厂专用煤码头的建设为巴艚港近期规划的重点。

2) 3 000 ~ 5 000 吨级矾矿和钾肥专用码头

苍南县的矾山镇是中国有名的矾都,丰富的矿产资源只有通过水运运出才能发挥效益,因此有必要在此建设 3 000 ~ 5 000 吨级矾矿和钾肥专用码头。若在此建钾肥厂,该专用码头亦然需要。

3) 对外贸易中转码头

巴艚港所在的苍南县是市场经济较为发达的地区,日益增多的对外贸易对交通运输业提出了新的要求,巴艚港区新建 2 000 吨级的码头也是这次规划内容之一。

4) 中型鱼品加工码头和客运码头

巴艚的渔业生产非常发达,建立 3 ~ 5 个鱼品加工泊位不仅有利于巴艚的渔业生产登上新台阶,而且能促进鱼品的深加工业发展。另外,考虑到苍南与洞头、南麂人员交往较多,尤其是旅游高峰时有较大的客流量,在巴艚港区设立 1 000 吨级客货两用码头。

为了有利于港内泊稳条件和保持口门的稳定,在琵琶门两侧各布置了一条短堤。

近期规划的平面布置如图 6-1、图 6-2 所示。

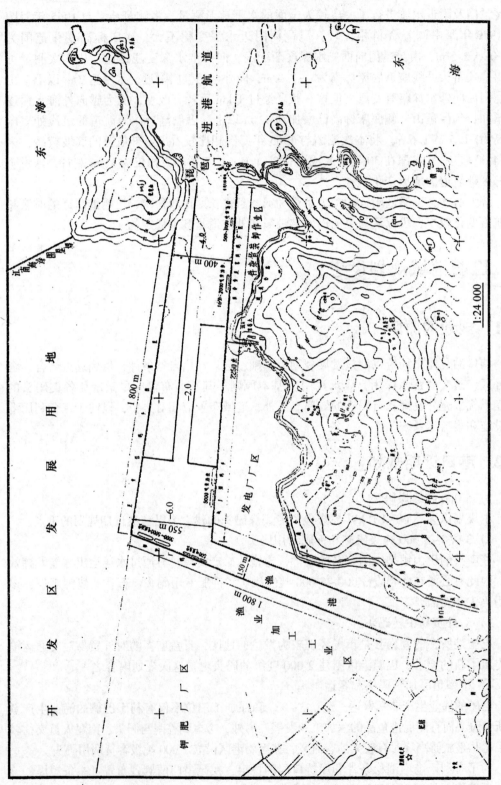

图6-1 巴鱀港近期规划方案一

1:24 000

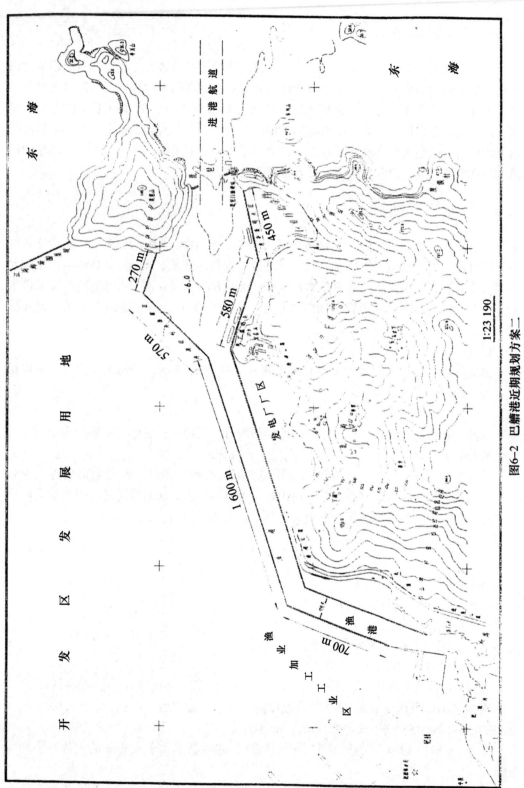

图6-2　巴艚港近期规划方案二

6.3 港口远期规划

连接琵琶山与蒜屿结合防波堤工程形成巴艚港的远期港区，工程实施后巴艚港的面积将有较大幅度的增加，并有效地切断江南滩涂对巴艚港的泥沙供给，对港口建设很有利。另外，由于平阳嘴附近水深较大，又接近外航道深水区，故亦可考虑作为远期港区。远期规划在采取必要的工程措施后，可使万吨以上海轮直驶巴艚港。远期规划实施后巴艚港的吞吐能力将达到千万吨以上，成为苍南乃至浙南闽北的外运中心。将来的巴艚港将在临港工业建设和发展中发挥着日益重要的作用。

6.4 作业天数估算

影响作业天数的主要因素是港域的自然条件，包括风、浪、流的大小及其分布特征，同时还应考虑其他气象因素。根据《港口工程技术规范》规定，5 000 吨级船舶允许风力为 6 级，允许波高顺浪 $H_{4\%}$ 为 0.8 m，横浪 $H_{4\%}$ 为 0.6 m。从巴艚港水域条件来看，本海域流速较小，不会影响港口的作业，影响作业天数的主要因素为风、雾和波浪，现分述如下。

1）风

如前分析，多年平均风力大于 6 级出现的次数为 80.5 次，按每天 4 次计，可以得出本海域大风天数为 21 d。

2）雾

雾的出现将严重影响港口的作业，船舶的航行。据统计，各年平均雾日为 12 d。

3）风浪

从地理位置看，巴艚港外海域比较开阔，虽然有掩护条件，但琵琶门附近风浪较大，考虑到近期建港区域将在琵琶门内 500~1 000 m，加上规划的琵琶门两侧短堤的掩护作用，使外海波浪进入琵琶门有较大的衰减，港内波浪 H 可由式 6-1 表示：

$$H = k_d \frac{k_{sp}}{k_{s1}} H_1 \tag{6-1}$$

式中：

H_1——测波处的波高（m）；

k_{sp}——计算点的浅水系数；

k_{s1}——测波处的浅水系数；

k_d——计算点的绕射系数。

同时考虑到测波点和计算点之间的水深变化不大，因而在此没有考虑波浪折射损失。

根据《港口工程技术规范》，结合巴艚港的港口布置和地形现状，k_{sp} = 1.038，k_{s1} = 0.953 4，k_d = 0.45，则上式可变成 $H = 0.544 H_1$。

据 1985 年与 1994 年两年的实测资料统计，港内波浪大于 0.8 m 的天数，平均为 22 d。

据上所述，由于自然条件影响作业的天数为 55 d，这样全年的实际作业天数为

310 d。考虑到大风天与大浪天经常会同时出现，因此实际作业天然要比计算的天数多。同时考虑到年际变化的不均匀性，作业天数采用 310 d 是合理的。

6.5　航道的通航能力分析

6.5.1　5 000 吨级航道港池的设计尺度

考虑到巴艚港现状和电厂运输中单一性的特点，选用澄西船厂生产的肥大浅吃水型江海通用船为宜。该船舶的主要尺度为船长 L 为 109 m，船宽 B 为 19 m，满载吃水 T 为 5.0 m。

1）航道的宽度

根据《港口工程技术规范》，双向航道的设计宽度为：

$$W = 2A + B + 2C \tag{6-2}$$

其中，A 为航迹带宽度，用式（6-3）表示：

$$A = n(L\sin r + B) \tag{6-3}$$

式中：

n——船身的漂移倍数（取 1.81）；

L——船长（取 109 m）；

r——风浪的压偏角（取 3°）；

B——船宽（取 19 m）；

C——船岸间距（取 10 m）。

则航道宽度 $W = 137$ m。

2）航道的设计水深

根据《港口工程技术规范》，航道的设计水深可表示为：

$$D = D_0 + Z_4 \tag{6-4}$$

其中，$D_0 = T + Z_0 + Z_1 + Z_2 + Z_3$

式中：

T——船舶的满载吃水（取 5.0 m）；

Z_0——船舶航行时船体下沉的富裕水深（取 0.2 m）；

Z_1——船舶航行时龙骨下的富裕水深（取 0.2 m）；

Z_2——波浪引起的富裕水深（取 0.35 m）；

Z_3——配载不均匀富裕水深（取 0.15 m）；

Z_4——航道开挖时的备淤水深（取 0 m）。

这样航道设计水深为 5.9 m。

3）港池的设计水深

根据《港口工程技术规范》，港域水深应用式（6-5）表示：

$$D = T + Z_1 + Z_2 + Z_3 + Z_4 \tag{6-5}$$

式中：

Z_1——龙骨下富裕深度（取 0.2 m）；

Z_2——波浪（内港）富裕深度（取 0.2 m）；

Z_3——不均匀配载富裕深度（取 0.15 m）；

Z_4——开挖时备淤深度（取 0.4 m）。

则　$D = 5.95$ m。

根据现有水深资料分析，码头前沿、港区部分以及码头前沿的调头区都应进行开挖。

6.5.2　航道乘潮水位分析

目前巴艚港港池和外航道的最浅水深仅为 5.30 m（平均潮位时），尚不能满足船舶进港的需要。巴艚港附近具有潮差大的特点，利用高潮位乘潮进港是十分必要的，也是完全有可能的。为此在通航能力分析的过程中采用琵琶门潮位站 1994 年全年的潮位资料，进行乘潮水位的统计分析，其结果见表 6-1。

表 6-1　乘潮水位表（吴淞零点）

保证率（%）	乘 1.5 h	乘 2 h	乘 2.5 h
95	3.31	3.24	3.13
90	3.48	3.38	3.27
85	3.58	3.49	3.37
80	3.70	3.60	3.47

从表 6-1 中可以看出：乘 2.5 h 保证率为 95% 时，外航道最浅点的水深为 6.43 m，也就是说，设计船舶乘 2.5 h 保证率为 95% 的潮位可以直接进港。

综上所述，5 000 吨级设计船舶可以乘潮直接进入琵琶门附近区域。

另根据前述：5 000 吨级设计船舶的港区水深需 5.95 m。目前琵琶门的床底标高为 $\nabla -1 \sim \nabla 2$ m（理论基面），考虑到港池作业的全天候性，港区必须开挖至理论基准面以下 5.95 m。换言之，港池需挖深 5~8 m 不等，以保证 5 000 吨级船舶的安全作业。

7　潮流数学模型

7.1　数学模型

1）数学模型的构建

南京水利科学研究院受苍南县的委托，对巴艚港进行了规划，提出了开发巴艚港的两个港池方案（图 7-1 和图 7-2）。这两个方案均要适当围垦滩涂，开挖港池，吹填造陆。实施上述方案，必将影响港池附近水流状况。为了研究建港前后的水流变化，计算港池的回淤量，南京水利科学研究院请长江水文资源勘测局测量了巴艚附近 2 km×3 km 的水下地形，在此范围内布置了两站水位、三条垂线的流速和含沙量测量，并采集了悬移质和河床质，分析了它们的级配组成。以此为基础，结合其他单位测量的水下地形资料，构造了一个二维数学模型，研究上述两个港池方案对本海区流场的影响，并为港池淤积计算提供水流条件。

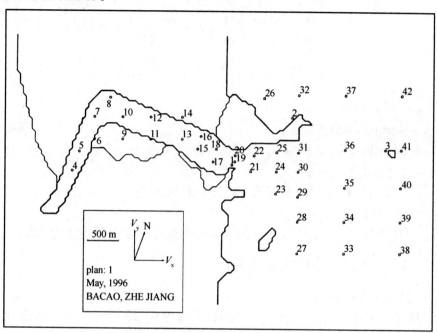

图 7-1　巴艚港港池规划方案一

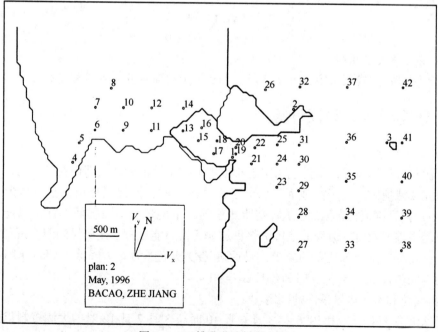

图 7-2　巴艚港港池规划方案二

$$\frac{\partial h}{\partial t} + \frac{\partial}{\partial x}(Hu) + \frac{\partial}{\partial y}(Hv) = 0 \tag{7-1}$$

$$\frac{\partial h}{\partial t} + u\frac{\partial u}{\partial x} + v\frac{\partial h}{\partial x} + g\frac{\partial h}{\partial x} - fv + \frac{gu\sqrt{u^2+v^2}}{C^2H} = 0 \tag{7-2}$$

$$\frac{\partial v}{\partial t} + u\frac{\partial v}{\partial x} + v\frac{\partial v}{\partial y} + g\frac{\partial h}{\partial y} + fu + \frac{gv\sqrt{u^2+v^2}}{C^2H} = 0 \tag{7-3}$$

式中：

x，y——笛卡尔平面坐标；

h——平均水面以上水位（m）；

H——水体总水深（m）；

u，v——分别为 x，y 方向垂线平均流速分量（m/s）；

t——时间（s）；

f——科氏力系数，$f = 2\Omega\sin\varphi$，Ω 为地球自转速度，φ 为计算地区的纬度；

C——谢才系数，$C = \dfrac{1}{n}H^{1/6}$，n 为糙率。

2）边界条件和初始条件

在二维潮流模型中，陆地边界上，取法向流速为 0，即 $V_n = 0$。在开边界上，一侧用水位控制，另一侧用流速控制。

在二维潮流数学模型中，初始条件对计算结果影响不大，本模型采用：

$$h(x, y, 0) = h_0$$
$$u(x, y, 0) = 0$$
$$v(x, y, 0) = 0$$

3）数学模型的求解

二维潮流数学模型采用 ADI 法求解，ADI 法求解流场的详细过程见有关参考文献。

7.2 数学模型的验证计算

1）计算区域的确定

本次数模计算仅安排了琵琶山附近小范围的水下地形测量，即使在这个范围内，琵琶山以北浅滩地区，由于当地渔民张起了密集的渔网，捕捉鳗鱼苗，水下地形也缺测了。1994 年国家海洋局第二海洋研究所测量的水下地形，测图基面不详，只能参考使用。巴艚渔港区及沿岸边滩的地形资料更加缺乏，只能参考小比例尺测图，近似地确定地形变化。为满足港口规划的要求，最后确定数模范围为 6.7 km×4.2 km（图 7-3）。数模的空间步长 $\Delta s = 50$ m，时间步长 $\Delta t = 30$ s。

2）潮位和水流边界条件的确定

巴艚港数学模型选用 1996 年 3 月 6 日 10 时至 3 月 7 日 12 时的大潮资料以及 3 月 12 日 15 时至 3 月 13 日 16 时的小潮资料为计算潮型。

数模的西侧边界作为陆地边界处理，北侧边界用潮位控制，南侧边界有流速控制。

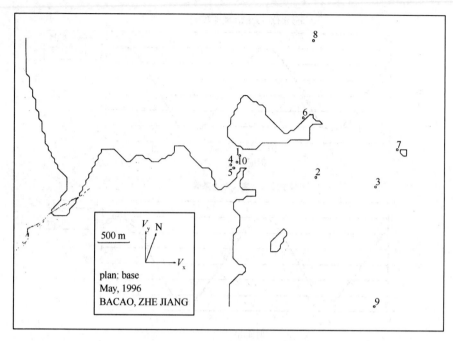

图 7-3　巴艚港二维数模验证站位

实测水流资料分析表明，外海侧 3 号垂线水流为南北向的沿岸流（图 7-4），为便于验证计算，数模东侧作为闭边界处理。沿岸边滩在水位较低时，将露出水面，计算时采用动边界技术。由于数模边界区域缺少实测的水文资料，边界采用的潮位和流速过程都是经过反复调试确定的。

3）糙率 n 的选取

数模水深大的区域取 $n=0.010$，边滩区和渔网密集区 $n=0.02$。

4）数模的验证计算结果

如图 7-3 所示，1 号、2 号、3 号为三个流速验证站，5 号、6 号为两个潮位验证站。大潮和小潮的潮位、流速和流向验证结果如图 7-4 和图 7-5 所示。水位验证结果表明，5 号琵琶门站验证与实测水位非常接近。6 号琵琶山水位站为临时设置的人工观察站，测站为假定基面，大潮水位验证结果与实测相比稍有误差，流速和流向的验证计算与实测资料基本符合，已经满足规划阶段的精度要求。

图 7-6 为巴艚港大潮涨急、涨憩、落急和落憩流态图。上述流态图基本上反映了巴艚港的实际水流状况。

综上所述，巴艚港二维潮流数学模型比较满意地复演了该港域附近的水位和流场的变化，具备了研究工程方案对水流影响的能力。

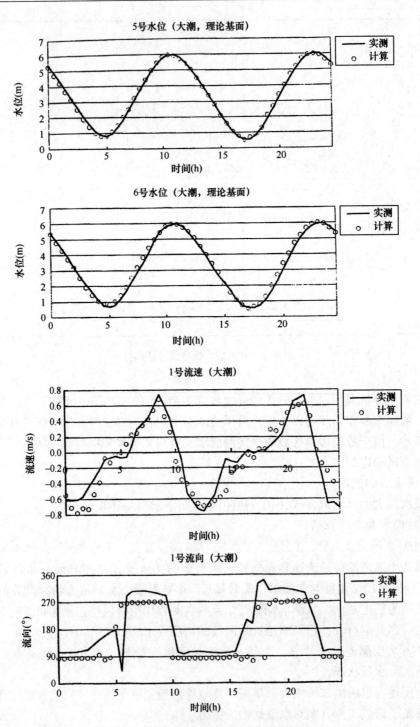

图7-4　大潮水位、流速、流向验证结果（一）

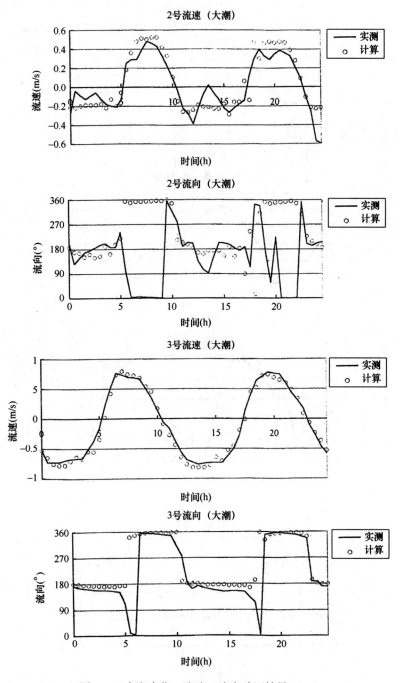

图 7-4　大潮水位、流速、流向验证结果（二）

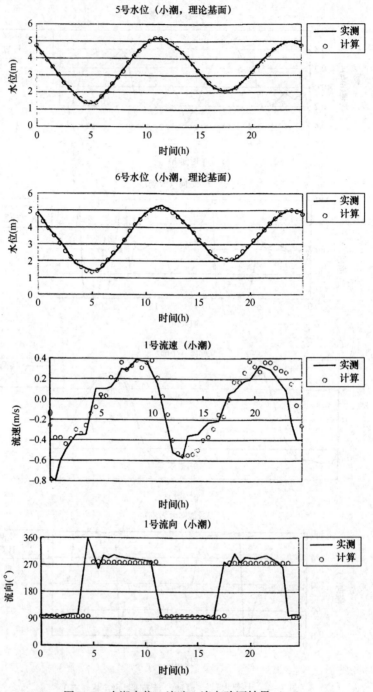

图 7-5　小潮水位、流速、流向验证结果（一）

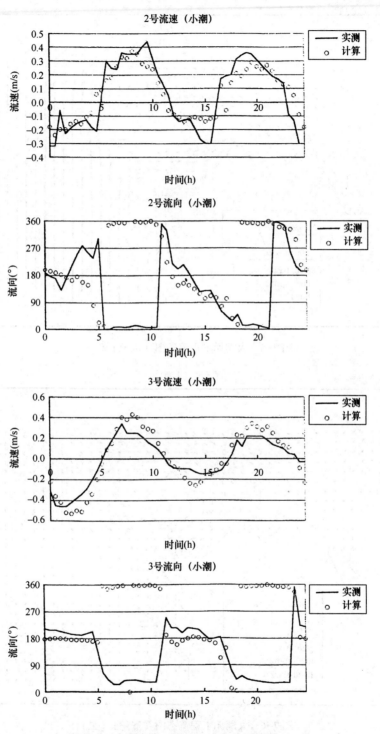

图 7-5　小潮水位、流速、流向验证结果（二）

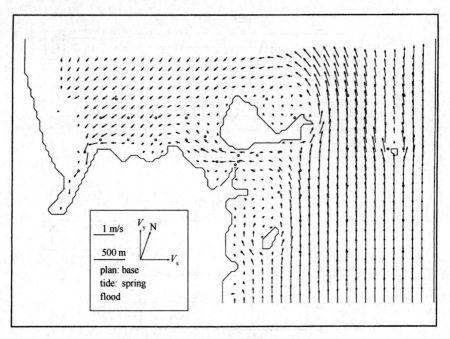

图 7-6　大潮无工程流态图（涨急）（一）

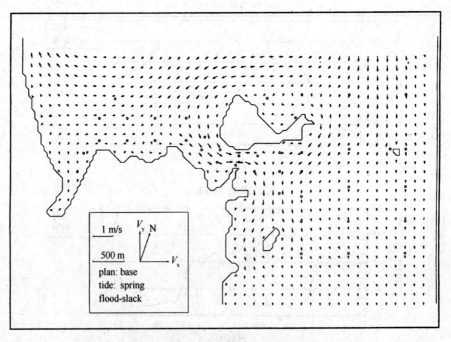

图 7-6　大潮无工程流态图（涨憩）（二）

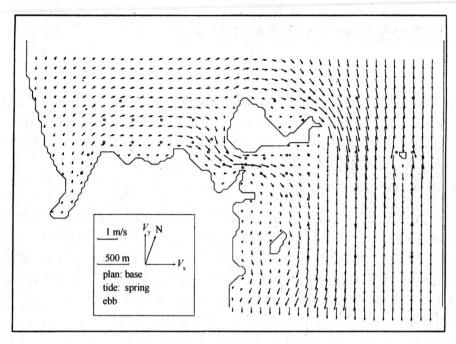

图 7-6　大潮无工程流态图（落急）（三）

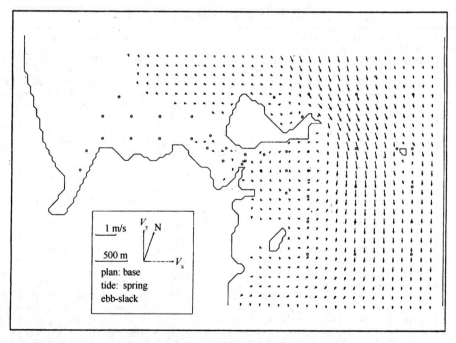

图 7-6　大潮无工程流态图（落憩）（四）

7.3 巴艚港规划的数值计算和初步分析

7.3.1 巴艚港的规划方案

为巴艚港规划了两个港池方案，方案一将巴艚港分为相互连接的两部分，原巴艚渔港区围成长约 2 km、宽约 150 m 的内港池，琵琶门以内 2~2.5 km 长的范围内，围成 400 m 宽的深水港池（见图 7-1）。方案二在琵琶门内围一面积较小的深水港区（见图 7-2）。上述两方案规划港池的水深均为理论基面下 5.95 m。

7.3.2 港池规划方案的潮流计算

为了比较规划方案对潮流的影响，在二维数学模型范围内，选择 42 个样点（见图 7-1）。表 7-1 和表 7-2 分别代表在大潮和小潮两种潮型作用下，工程前后，方案一和方案二各采样点的平均流速和最大流速的变化情况。表 7-1 和表 7-2 显示，实施巴艚港港池方案后，港池口门附近航道流速有所减小，但减幅很小，且方案一的减小幅度更小，预计港池口门附近将有所淤积，但不会影响 5 000 吨级船舶进港；口门外进港航道流速有增有减，工程前后变化的量值非常小，估计工程前后口门外进港航道变化很小。修建港池以后，港池内流速显著减小，港池内将产生淤积问题，下一章专门讨论这一问题。

表 7-1　工程前后各采样点平均和最大流速的变化（大潮）

NUM	SPRING AVERAGE V (m/s)					SPRING MAX V (m/s)				
	BASE	AE1	DV1	AE2	DV2	BASE	AE1	DV1	AE2	DV2
1	0.32	0.27	-0.05	0.10	-0.22	0.67	0.65	-0.02	0.34	-0.33
2	0.02	0.02	-0.01	0.02	-0.01	0.05	0.05	0.00	0.05	0.00
3	0.35	0.39	0.04	0.41	0.06	0.65	0.71	0.06	0.73	0.09
4	0.08	0.17	0.09	0.00	-0.08	0.56	0.49	-0.07	0.00	-0.56
5	0.12	0.12	0.00	0.00	-0.12	0.61	0.46	-0.14	0.00	-0.61
6	0.20	0.00	-0.20	0.00	-0.20	0.65	0.00	-0.65	0.00	-0.65
7	0.17	0.05	-0.12	0.00	-0.17	0.40	0.14	-0.26	0.00	-0.40
8	0.21	0.01	-0.20	0.00	-0.21	0.49	0.03	-0.47	0.00	-0.49
9	0.17	0.00	-0.17	0.00	-0.17	0.45	0.00	-0.45	0.00	-0.45
10	0.19	0.05	-0.14	0.00	-0.19	0.44	0.13	-0.31	0.00	-0.44
11	0.15	0.00	-0.15	0.00	-0.15	0.56	0.00	-0.56	0.00	-0.56
12	0.20	0.05	-0.15	0.00	-0.15	0.47	0.12	-0.36	0.00	-0.47
13	0.24	0.09	-0.15	0.00	-0.23	0.62	0.20	-0.42	0.01	-0.61
14	0.18	0.00	-0.18	0.00	-0.18	0.40	0.00	-0.40	0.00	-0.40

续表

NUM	SPRING AVERAGE V (m/s)					SPRING MAX V (m/s)				
	BASE	AE1	DV1	AE2	DV2	BASE	AE1	DV1	AE2	DV2
15	0.31	0.09	−0.22	0.01	−0.29	0.66	0.19	−0.47	0.04	−0.61
16	0.23	0.05	−0.18	0.01	−0.22	0.52	0.12	−0.40	0.03	−0.50
17	0.28	0.09	−0.19	0.03	−0.25	0.55	0.18	−0.37	0.08	−0.47
18	0.33	0.09	−0.24	0.03	−0.30	0.68	0.20	−0.48	0.07	−0.61
19	0.38	0.30	−0.08	0.11	−0.27	0.81	0.72	−0.09	0.37	−0.44
20	0.34	0.27	−0.06	0.10	−0.23	0.65	0.65	−0.01	0.35	−0.31
21	0.21	0.17	−0.04	0.08	−0.13	0.42	0.40	−0.01	0.25	−0.16
22	0.22	0.19	−0.03	0.09	−0.13	0.42	0.45	0.03	0.29	−0.13
23	0.20	0.17	−0.03	0.14	−0.06	0.33	0.35	0.03	0.32	0.00
24	0.19	0.16	−0.03	0.11	−0.08	0.33	0.37	0.04	0.30	−0.03
25	0.12	0.12	0.00	0.09	−0.03	0.28	0.37	0.09	0.30	0.02
26	0.19	0.09	−0.09	0.09	−0.09	0.36	0.20	−0.16	0.18	−0.18
27	0.39	0.39	0.00	0.39	0.00	0.59	0.59	0.00	0.59	0.00
28	0.38	0.38	0.00	0.36	−0.02	0.61	0.61	0.00	0.61	0.00
29	0.30	0.29	0.00	0.28	−0.02	0.53	0.52	0.00	0.52	−0.01
30	0.00	0.22	0.00	0.22	−0.01	0.46	0.44	−0.02	0.47	0.01
31	0.14	0.14	0.00	0.14	0.00	0.56	0.57	0.00	0.58	0.02
32	0.32	0.19	−0.13	0.20	−0.12	0.59	0.35	−0.25	0.35	−0.24
33	0.53	0.53	0.00	0.54	0.01	0.81	0.81	0.00	0.82	0.01
34	0.54	0.54	0.00	0.55	0.01	0.82	0.82	0.00	0.83	0.01
35	0.52	0.52	0.00	0.54	0.02	0.81	0.81	−0.01	0.83	0.02
36	0.54	0.52	−0.02	0.54	0.00	0.82	0.80	−0.01	0.83	0.01
37	0.45	0.44	−0.01	0.46	0.01	0.78	0.82	0.05	0.86	0.08

注：SPRING AVERAGE——大潮平均；SPRING MAX——大潮最大；BASE——无工程；AE1——方案一；AE2——方案二；NUM——采样点号；DV1——方案一与无工程比较，流速的变化值；DV2——方案二与无工程比较，流速的变化值。

表 7-2　工程前后各采样点平均和最大流速的变化（小潮）

NUM	NEAP AVERAGE V（m/s）					NEAP MAX V（m/s）				
	BASE	AE1	DV1	AE2	DV2	BASE	AE1	DV1	AE2	DV2
1	0.24	0.15	−0.09	0.06	−0.18	0.52	0.36	−0.16	0.13	−0.39
2	0.01	0.01	−0.01	0.01	0.00	0.03	0.02	−0.01	0.02	−0.01
3	0.13	0.15	0.02	0.16	0.03	0.36	0.40	0.04	0.41	0.05
4	0.07	0.14	0.06	0.00	−0.07	0.39	0.50	0.10	0.00	−0.39
5	0.11	0.10	−0.01	0.00	−0.11	0.41	0.38	−0.03	0.00	−0.41
6	0.20	0.00	−0.20	0.00	−0.20	0.60	0.00	−0.60	0.00	−0.60
7	0.16	0.03	−0.13	0.00	−0.16	0.30	0.10	−0.20	0.00	−0.30
8	0.19	0.01	−0.19	0.00	−0.19	0.36	0.02	−0.34	0.00	−0.36
9	0.16	0.00	−0.16	0.00	−0.16	0.42	0.00	−0.42	0.00	−0.42
10	0.17	0.03	−0.14	0.00	−0.17	0.34	0.10	−0.25	0.00	−0.34
11	0.12	0.00	−0.12	0.00	−0.12	0.27	0.00	−0.27	0.00	−0.27
12	0.18	0.03	−0.15	0.00	−0.18	0.37	0.09	−0.28	0.00	−0.37
13	0.21	0.06	−0.15	0.00	−0.21	0.39	0.15	−0.24	0.01	−0.39
14	0.18	0.00	−0.18	0.00	−0.18	0.41	0.00	−0.41	0.00	−0.41
15	0.25	0.05	−0.20	0.01	−0.24	0.41	0.14	−0.27	0.02	−0.39
16	0.21	0.03	−0.18	0.01	−0.20	0.41	0.09	−0.33	0.01	−0.40
17	0.23	0.05	−0.17	0.02	−0.21	0.41	0.14	−0.28	0.04	−0.38
18	0.25	0.05	−0.20	0.02	−0.23	0.51	0.13	−0.38	0.03	−0.48
19	0.28	0.17	−0.11	0.07	−0.21	0.61	0.41	−0.21	0.14	−0.47
20	0.25	0.16	−0.10	0.06	−0.19	0.50	0.39	−0.10	0.13	−0.37
21	0.15	010	−0.05	0.05	−0.10	0.32	0.22	−0.10	0.11	−0.21
22	0.16	0.10	−005	0.05	−0.11	0.30	0.26	−0.04	0.11	−0.19
23	0.12	0.10	−0.02	0.09	−0.04	0.22	0.19	−0.03	0.15	−0.06
24	0.13	0.10	−0.04	0.07	−0.06	0.24	0.18	−0.06	0.12	−0.12
25	0.08	0.06	−0.02	0.05	−0.03	0.15	0.20	0.05	0.14	−01
26	0.17	0.04	−0.12	0.04	−0.12	0.30	0.10	−0.19	0.10	−0.19
27	0.26	0.26	0.00	0.26	0.00	0.48	0.47	−0.01	0.49	0.01
28	0.24	0.23	−0.01	0.22	−0.01	0.47	0.46	−0.01	0.47	−0.01
29	0.19	0.17	−0.01	0.16	−0.02	0.37	0.35	−0.02	0.35	−0.01
30	0.15	0.13	−0.02	0.13	−0.02	0.29	0.27	−0.02	0.29	0.00
31	0.09	0.09	0.00	0.09	0.00	0.19	0.20	0.01	0.22	0.03
32	0.24	0.09	−0.15	0.09	−0.14	0.50	0.24	−0.26	0.25	−0.25
33	0.25	0.25	0.00	0.25	0.00	0.50	0.50	0.00	0.51	0.01
34	0.25	0.26	0.01	0.26	0.01	0.52	0.54	0.02	0.55	0.02
35	0.24	0.25	0.01	0.26	0.02	0.51	0.55	0.04	0.57	0.05
36	0.26	0.25	−0.01	0.27	0.01	0.53	0.57	0.03	0.58	0.05
37	0.29	0.22	−0.07	0.24	−0.05	0.53	0.49	−0.04	0.57	0.04

注：NEAP AVERAGE——小潮平均；NEAP MAX——小潮最大；BASE——无工程；AE1——方案一；AE2——方案二；NUM——采样点号；DV1——方案一与无工程比较，流速的变化值；DV2——方案二与无工程比较，流速的变化值。

　　图 7-7 为方案一大潮涨急、涨憩、落急和落憩的流态图。图 7-8 为方案二的相应流态图。流态图亦表明，港池口门外进港航道中流态变化不大，而港池内流速减小幅度较大。

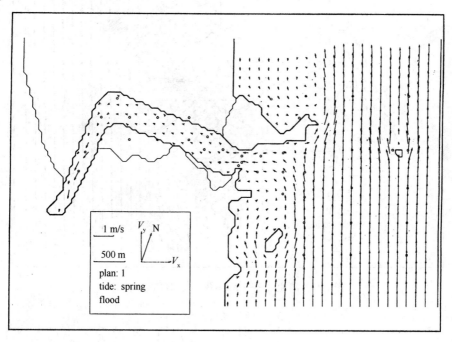

图 7-7　港池方案一流态图（大潮涨急）（一）

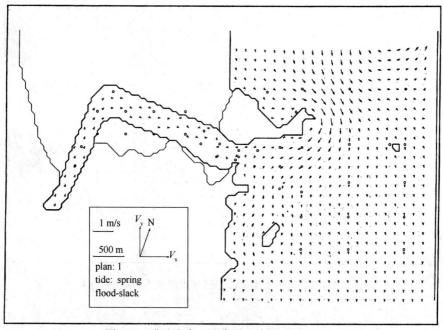

图 7-7　港池方案一流态图（大潮涨憩）（二）

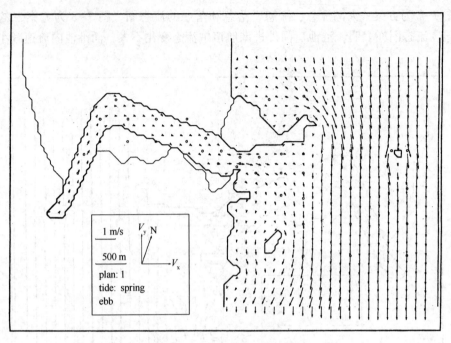

图 7-7　港池方案一流态图（大潮落急）（三）

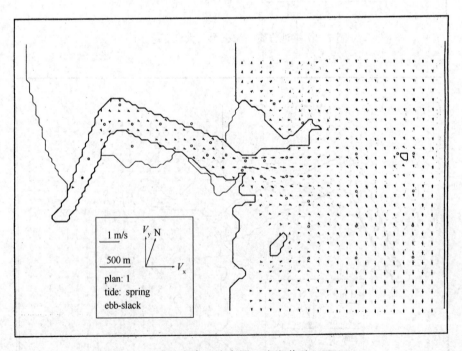

图 7-7　港池方案一流态图（大潮落憩）（四）

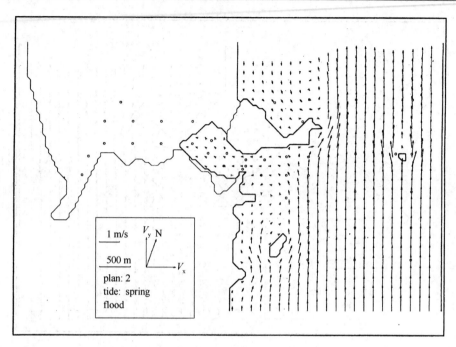

图 7-8　港池方案二流态图（大潮涨急）（一）

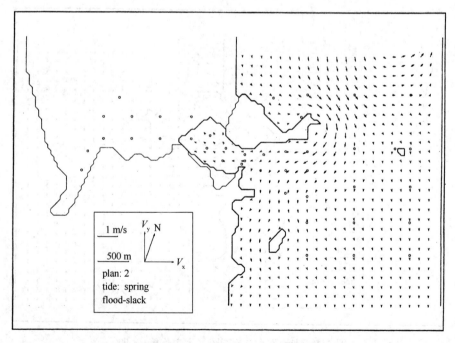

图 7-8　港池方案二流态图（大潮涨憩）（二）

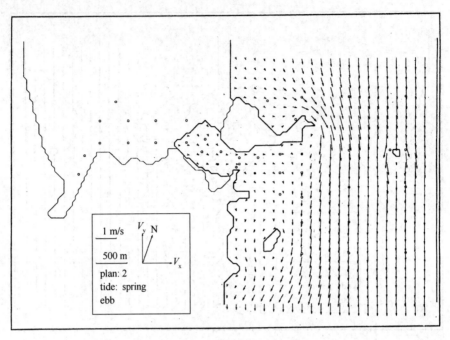

图 7-8　港池方案二流态图（大潮落急）（三）

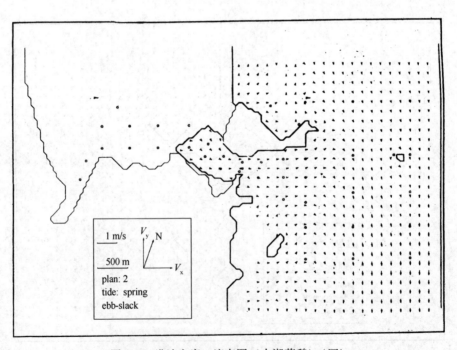

图 7-8　港池方案二流态图（大潮落憩）（四）

8　巴艚港规划港池的回淤计算分析

8.1　影响港池淤积的主要动力因素

巴艚港所在海区主要动力因素为潮流，巴艚渔港上游节制闸有一定的径流下泄，但对潮流流速的影响比较小。波浪对巴艚港海域有明显的掀沙和输沙作用，它与潮流一起成为影响港池淤积的重要因素。关于巴艚港潮汐和潮流状况，请参阅本书中有关章节。

8.2　巴艚港海区的泥沙来源

1）河流泥沙

巴艚港紧邻敖江河口，北距飞云江口 20 km，瓯江口 50 km。敖江多年平均输沙量为 $8.17×10^4$ t，飞云江为 $35×10^4$ t，瓯江为 $275×10^4$ t。，巴艚渔港虽有径流泄入，但含沙量极低，输入的泥沙可以忽略不计，流入巴艚港附近海域的其他河流都很小，输沙量亦很微小。

2）巴艚港附近海岸侵蚀带来的泥沙

巴艚港以南沿岸多为山区，基本上不存在海岸侵蚀问题。巴艚港以北为淤泥质海岸为主，海岸防蚀措施做得比较好，实际上不出现较大规模的海岸侵蚀，而且该海区基本上处于动力平衡状态，海岸侵蚀带来的泥沙数量有限。

3）巴艚港海域本身的冲淤变化带来的泥沙

浙江省河口海岸研究所曾研究过该地区的海滩变化，他们对琵琶山至敖江口之间的黄中陡门和儒桥头陡门两个海滩剖面做了分析比较，1978—1993 年间，这两个剖面普遍冲刷 0.1~0.5 m，同时琵琶山外海域有淤积的趋势。

综上所述，本海域河流带来的总输沙量超过 $300×10^4$ t/a，而且主要集中在 50 km以外的瓯江口。因此，无论是河流来沙还是海岸侵蚀，都不可能有大量泥沙进入巴艚港地区。拟建港池回淤的物质主要来自本海域浅滩在风浪和潮流作用下掀起的泥沙。

8.3　规划港池方案的回淤计算分析

8.3.1　挖入式港池口门维护的可能性

巴艚港近期规划的两个方案都是把现琵琶门断面缩窄至 200 m，并以此为口门，结合围垦工程形成挖入式港池，港池经适当开挖后逐步建设煤码头、矾矿和钾肥码头、贸易中转码头等。在巴艚港建设挖入式港池不仅可以彻底断绝江南滩涂对巴艚港的泥沙供给，而且可以大幅度增加港域面积，能够近期、远期相结合，使巴艚港有充分发展的余地。另外，在巴艚港建设挖入式港池，还可以充分利用该海区潮差大、潮流强的动力条件，利用挖入式港池内的潮棱体，对港池口门起一定的维护作用。

下面利用我国东海海岸潮汐汊道的 P-A 关系来定性认识挖入式港池口门维护的可

能性：

$$A = 0.087\ 4P^{0.923} \tag{8-1}$$

式中：

A——汊道口门段最窄处平均海面以下过水断面面积（km^2）；

P——平均大潮纳潮量（km^3）。

由上式可得出近期不同规划方案中港池内潮棱体所能维护的口门断面面积，如表8-1所示。

表8-1　港池内潮棱体能维护的口门断面　　　　（单位：×10^{-3} km^2）

规划方案		能自然维护的口门断面面积（A）
方案一	港池内全部挖到 -4 m	1.09
	港池局部开挖	0.91
方案二		0.68

而规划方案中实际口门断面面积（A'）为 1.11×10^{-3} km^2，可见当方案一港池内全部开挖时，A 与 A' 非常接近，局部开挖时，A 略小于 A'；方案二中 A 比 A' 小近40%。由此看出：近期规划方案一对维持口门断面稳定有利，尤其当港池全面开挖以后，港池内潮棱体能够维持目前口门的稳定。数学模型研究的结果也显示，方案一，口门缩窄成150 m 宽，港池内全部开挖，与自然状况相比较，口门段平均流速略有增大（表8-2）；局部开挖时，口门段平均流速略有减小，减小幅度在 10 cm/s 以内。但从最大流速分析，方案一港池内全部开挖时，口门段最大流速增加约 20 cm/s；局部开挖时，最大流速与无方案相比较减小 5 cm/s。可见，实施方案一中港池全部开挖工程，依靠港池内潮棱体来维护口门断面是有保证的；港池局部开挖也不会对口门维护产生大的影响。因此，规划方案一对口门维护比较有利，而方案二由港池内潮棱体能维持的口门断面面积远小于目前的口门断面，因此该方案的口门断面必须依靠人工维护。

表8-2　港池内各采样点大潮平均和大潮最大流速

NUM	SPRING AVERAGE V（m/s）					SPRING MAX V（m/s）				
	BASE	AE1	DV1	AE2	DV2	BASE	AE1	DV1	AE2	DV2
1	0.32	0.08	-0.25	0.26	-0.06	0.67	0.23	-0.44	0.62	-0.05
2	0.02	0.02	-0.01	0.02	-0.01	0.05	0.05	0.00	0.04	0.00
3	0.35	0.39	0.04	0.39	0.04	0.65	0.71	0.06	0.71	0.06
4	0.08	0.17	0.09	0.16	0.08	0.56	0.54	-0.02	0.58	0.02
5	0.12	0.12	0.01	0.11	-0.01	0.61	0.46	-0.14	0.50	-0.11
6	0.20	0.00	-0.20	0.00	-0.20	0.65	0.00	-0.65	0.00	-0.65
7	0.17	0.05	-0.12	0.05	-0.12	0.40	0.15	-0.26	0.16	-0.24
8	0.21	0.01	-0.20	0.01	-0.20	0.49	0.03	-0.46	0.03	-0.46
9	0.17	0.00	-0.17	0.00	-0.17	0.45	0.00	-0.45	0.00	-0.45

NUM	SPRING AVERAGE V (m/s)					SPRING MAX V (m/s)				
	BASE	AE1	DV1	AE2	DV2	BASE	AE1	DV1	AE2	DV2
10	0.19	0.05	−0.14	0.06	−0.13	0.44	0.14	−0.30	0.17	−0.27
11	0.15	0.00	−0.15	0.00	−0.15	0.56	0.00	−0.56	0.00	−0.56
12	0.20	0.05	−0.15	0.11	−0.09	0.47	0.13	−0.34	0.37	−0.10
13	0.24	0.09	−0.15	0.12	−0.12	0.62	0.22	−0.41	0.28	−0.34
14	0.18	0.00	−0.18	0.00	−0.18	0.40	0.00	−0.40	0.00	−0.40
15	0.31	0.09	−0.22	0.11	−0.20	0.66	0.21	−0.45	0.28	−0.38
16	0.23	0.05	−0.18	0.07	−0.17	0.52	0.12	−0.41	0.15	−0.37
17	0.28	0.09	−0.19	0.11	−0.17	0.55	0.20	−0.35	0.27	−0.28
18	0.33	0.09	−0.24	0.11	−0.22	0.68	0.19	−0.49	0.25	−0.43
19	0.38	0.44	0.07	0.29	0.09	0.81	0.99	0.18	0.71	−0.10
20	0.34	0.41	0.07	0.26	−0.07	0.65	0.87	0.21	0.66	0.00
21	0.21	0.17	−0.04	0.17	−0.04	0.42	0.37	−0.05	0.40	−0.02
22	0.22	0.18	−0.04	0.18	−0.03	0.42	0.38	−0.04	0.39	−0.03
23	0.20	0.17	−0.02	0.17	−0.03	0.33	0.34	0.01	0.35	0.03
24	0.19	0.16	−0.03	0.16	−0.03	0.33	0.31	−0.02	0.33	0.00
25	0.12	0.12	0.00	0.12	0.00	0.28	0.32	0.04	0.30	0.01
26	0.19	0.09	−0.10	0.09	−0.10	0.36	0.20	−0.17	0.20	−0.17
27	0.39	0.39	0.00	0.39	0.00	0.59	0.58	0.00	0.59	0.00
28	0.38	0.37	0.00	0.38	0.00	0.61	0.60	−0.01	0.63	0.02
29	0.30	0.29	−0.01	0.29	−0.01	0.53	0.52	0.00	0.54	0.01
30	0.22	0.22	0.00	0.22	0.00	0.46	0.43	−0.02	0.44	−0.02
31	0.14	0.14	0.00	0.14	0.00	0.56	0.55	−0.02	0.50	−0.06
32	0.32	0.19	−0.13	0.19	−0.13	0.59	0.34	−0.25	0.34	−0.25
33	0.53	0.53	0.00	0.53	0.00	0.81	0.81	−0.01	0.82	0.01
34	0.54	0.54	0.00	0.54	0.00	0.82	0.81	−0.01	0.83	0.01
35	0.52	0.52	0.00	0.52	0.00	0.81	0.80	−0.01	0.81	−0.01
36	0.54	0.52	−0.02	0.52	−0.02	0.82	0.80	−0.02	0.80	−0.02
37	0.45	0.45	0.00	0.44	−0.01	0.78	0.80	0.02	0.83	0.05

注：SPRING AVERAGE——大潮平均；SPRING MAX——大潮最大；BASE——无工程；AE1——方案一；AE2——方案二；NUM——采样点号；DV1——方案一与无工程比较，流速的变化值；DV2——方案二与无工程比较，流速的变化值。

8.3.2　回淤计算公式

现场水文测验表明，巴艚港海域含沙量比较大，悬沙落淤是拟建港池回淤的主要原因，港池的回淤强度与进港水体含沙量、港池开挖水深、港池开挖前后的流速变化等因素有关。

刘家驹经过多年研究，提出了交通部正式推荐的计算港池淤积的公式：

$$P = \frac{Ks\omega t}{\gamma_0}\left[1 - \left(\frac{d_1}{d_2}\right)^3\right]\exp\left[\frac{(A/A_0)^{\frac{1}{3}}}{2}\right] \qquad (8-2)$$

式中：

P——年淤积强度，m/a；

γ_0——淤积物干密度，取 700 kg/m³；

d_1，d_2——开挖前、后水深；

s——年平均含沙量；

t——315.36×10⁵ s/a；

ω——沉速，取值 0.000 5 m/s；

K——系数，$K = 0.13$；

A——港池浅滩水域面积；

A_0——港内总水域面积。

8.3.3　年平均含沙量的确定

刘家驹提出的风浪和潮流综合作用下的含沙量公式为：

$$S = 0.027\,3\gamma_s\frac{(|V_1| + |V_2|)^2}{gd} \qquad (8-3)$$

式中：

d——平均水深；

γ_s——沙粒容重，等于 2 600 kg/m³；

$|V_1| = |\overrightarrow{V_1}| = |\overrightarrow{V_吹} + \overrightarrow{V_潮}|(\text{m/s})$；

$|V_2| = |V_波| = 0.2\frac{h}{H}C(\text{m/s})$；

$V_吹 = 0.02w\ (\text{m/s})$；

h——波高（m）；

C——波速（m/s）；

w——风速（m/s）。

为了计算年平均含沙量，需要统计当地的风浪资料，1994 年的资料在琵琶山风浪资料系列中是偏大的，为保险起见，统计了该年资料，如表 8-3 和表 8-4 所示。利用两表中的资料，将某一方面、某一等级的风吹流总次数平均分成四份，与三小时平均的四个涨、落潮流速机会均等地组合成四种合成水流，即公式（8-3）中的 V_1，公式中的 V_2 由表 8-4 中所列的波浪要素求出。

表 8-3　琵琶山 1994 年各级风速风向统计表（三小时一次）

风级	平均风速 （m/s）	N 向 NW NNW N NNE		E 向 NE ENE E ESE		S 向 SE SSE S SSW		W 向 SW WSW W WNW	
		年均出现 次数	频率 （%）	年均出现 次数	频率 （%）	年均出现 次数	频率 （%）	年均出现 次数	频率 （%）
0~3	0~3.0	71	4.86	190	13.01	160	10.96	153	10.48
4~5	3.1~8.0	108	7.4	307	21.03	197	13.49	179	12.26
6	8.1~12.3	13	0.89	33	2.26	8	0.55	10	0.68
7	12.4~15.4	2	0.14	12	0.82	0	0	0	0
8	15.5~19.3	2	0.14	10	0.68	0	0	1	0.07
9	19.4~23.3	1	0.07	1	0.07	0	0	0	0
>9	>23.3	1	0.07	1	0.07	0	0	0	0

表 8-4　琵琶山 1994 年各级波浪统计表（三小时一次）

风级	波高 （m）	N 向 NW NNW N NNE			E 向 NE ENE E ESE			S 向 SE SSE S SSW			W 向 SW WSW W WNW		
		年均出现 次数	周期 （s）	频率 （%）	年均出现 次数	周期 （s）	频率 （%）	年均出现 次数	周期 （s）	频率 （%）	年均出现 次数	周期 （s）	频率 （%）
0~2	0~0.4	1	3.9	0.07	608	5.2	41.84	1	5.5	0.07	0	0	0
3	0.5~1.4	24	4.7	1.65	628	5.6	43.22	42	5.7	2.89	44	5.7	6.06
4	1.5~2.9	1	5.5	0.07	49	8.6	3.37	2	6.7	0.14	0	0	0
5	3.0~4.9	0	0	0	6	11.3	0.41	0	0	0	0	0	0
6	5.0~7.4	0	0	0	3	12.7	0.21	0	0	0	0	0	0
≥7	≥7.5	0	0	0	0	0	0	0	0	0	0	0	0

值得提出，巴艚港海域水深浅，潮差大，由于潮汐作用变化很快，憩流时含沙量不可能为零。同时实测资料表明，低潮位附近含沙量最大，此时流速不一定很大。因此，当地水深大小对含沙量的影响比刘家驹公式还要大。根据水文测验期间三条垂线的含沙量与风浪和潮流的关系得到如下的经验公式：

$$S = 0.032\,5\gamma_s \frac{(|V_1| + |V_2|)^2}{gd^2} + 0.312 \tag{8-4}$$

上述公式中所有符号与刘家驹公式相同。虽然该经验公式尺度不和谐，但实测值与计算值之间误差比较小（表 8-5），作为经验公式，在当地计算年平均含沙量是比较合适的。

表 8-5　水文测验期间三条垂线平均含沙量

潮型	大潮			小潮		
垂线号	1	2	3	1	2	3
实测平均含沙量	0.692	0.401	0.562	0.464	0.280	0.322
刘家驹公式计算值	0.598	0.271	0.757	0.291	0.231	0.179
巴艜公式计算值	0.580	0.404	0.532	0.391	0.383	0.363

　　用刘家驹公式和巴艜公式分别计算巴艜海域大、小潮期间的年平均含沙量，计算结果见表 8-6。因为实施规划港池方案后，1 号垂线在港池范围以内，计算年平均含沙量已失去意义，因此仅计算 2 号和 3 号的年平均值。

表 8-6　计算的年平均含沙量

垂线	刘家驹公式			巴艜经验公式		
	大潮	小潮	年平均	大潮	小潮	年平均
2 号垂线	0.333	0.236	0.284	0.379	0.368	0.374
3 号垂线	0.445	0.406	0.426	0.402	0.344	0.373
平均	0.389	0.321	0.355	0.391	0.356	0.374

　　用刘家驹和巴艜经验公式得出的含沙量分别为 0.355 kg/m^3 和 0.374 kg/m^3。考虑到 2 号和 3 号垂线实测的平均含沙量为 0.391 kg/m^3，实际计算港池年淤积厚度时，采用年平均含沙量 0.4 kg/m^3。

8.3.4　规划港池年平均淤积厚度的计算结果

　　采用公式（8-2）和上节确定的年平均含沙量，即可计算规划港池不同水域的年淤积厚度，见表 8-7。

表 8-7　规划港池年淤积厚度计算结果　　　　　　　　（单位：m）

	方案一					方案二
	Ⅰ$_1$	Ⅱ$_1$	Ⅰ$_2$	Ⅱ$_2$	Ⅲ$_2$	
淤积厚度	1.04	1.16	1.52	1.51	1.69	1.10

注：Ⅰ$_1$——港池全部开挖情况下距口门 1 km 范围水域；Ⅱ$_1$——港池全部开挖情况下距口门 1 km 和 2.4 km 之间水域；Ⅰ$_2$——港池局部开挖情况下，口门内侧挖至−4.0 m 水域；Ⅱ$_2$——港池局部开挖情况下，港池中部挖至−2.0 m 水域；Ⅲ$_2$——港池局部开挖情况下，港池内部挖至−6.0 m 水域。

　　由表 8-7 看出，方案一中港池全部开挖情况下的回淤强度要小于局部开挖的情形，这是由于港池局部开挖后，港池内仍有约 40% 为浅滩，港池内浅滩起着中转港池淤积的作用，落淤在浅滩滩面上的泥沙是停留不住的，增大了开挖部位的淤积。另外，当外海浑水进入港池后，随沿程淤积，含沙量逐渐减小，一般来说距口门越远，淤积量越小。因此，港池内部的实际淤积量可能要略小于计算值。由于缺乏可类比的本地区沿程淤积后水体含沙量减小的实测资料，目前还难以准确衡量挖入式港池中自口门向内淤积厚度的差异。这个问题尚有待于进一步研究。此外，对比方案一和方案二，方案二港池内的年淤积厚度虽然小于方案一，但由于方案二港池面积较小，港池内拥有的潮棱体小，不足以维持现有的口门，而对于挖入式港池来说口门的维护往往是至关重要的；方案二中港池内远期发展的余地及陆域条件均不及方案一。综合比较，巴艚港近期规划方案一要优于方案二。

9　结语

（1）以区域经济发展的角度分析，巴艚港位于敖江口的南侧，具有向敖江流域和向苍南县辐射的区位优势。建设巴艚港对整个敖江流和周边地区的经济发展将起着重要的作用。

（2）根据本海域自然条件的分析，巴艚港外航道乘 2.5 h 保证率为 95% 时的乘潮水位为 3.13 m（吴淞零点），浅吃水的设计船型 5 000 吨级船舶可乘潮进港。这就为在该地区兴建燃煤电厂和钾肥厂等工业提供了海运保证。

（3）从有利于港口的建设和发展的角度分析，巴艚港拟建成单一口门的潮汐通道式的挖入式港池，一方面可切断西部浅滩运输送进港的泥沙；另一方面港域有良好的泊稳条件。同时，方案一与江南围垦工程一致，与巴艚港发展规划一致。通过方案比选，认为方案一更为合理，其理由是港域的纳潮面积大，有利于口门的维护，也有利于港口的发展；陆域条件好，可利用岸线长。

（4）通过回淤分析，方案一的部分开挖的港池和航道的回淤强度为 1.50 m/a 左右，方案一的全部开挖后的回淤强度为 1.10 m/a 左右，这一结论可作为今后港口实施后常年维护挖泥的参考。

（5）实施近期方案后，巴艚水闸冲淤将有利于港池和航道内的维护与改善。将来采取适当的工程措施，巴艚港有可能进一步建成万吨级的泊位，巴艚港开发后，将成为浙南闽北地区的主要出海通道，成为苍南县龙港经济开发区的主要窗口。

（6）本文仅对巴艚港的开发进行了建港条件的初步研究。在具体实施前，尚需按规定继续进行工程前预可行性和工程可行性方面的深入研究。

参考文献

苍南县环境监测站 . 苍南县江南围涂工程环境监测报告 . 1995.

苍南县重点工程建设办公室，等 . 苍南建电厂条件调研报告 . 1995.

国家海洋局 . 海滨观测规范 . 1992.

国家海洋局杭州海洋工程勘测设计研究中心 . 苍南县巴艚港规划 . 1994.

国家海洋局杭州海洋工程勘测设计研究中心 . 苍南县琵琶门至平田咀外侧环境要素论证报告 .

海洋水文规范编写组 . 海港水文规范编制说明 . 1975.

刘家驹，等．新港浅滩地区的风浪掀沙研究．新港回淤研究第一期．1963．

刘家驹．淤泥质海岸航道和港池淤积计算．全国水运工程标准技术委员会系列文献，018（1990）．

浙江省河口海岸研究所．敖江口外围涂对敖江河口段及其出口水道影响的评估．1995．

浙江省水利水电勘测设计院．苍南江南围涂工程初步设计工程地质勘察报告．1994．

浙江省围垦局勘测设计所．浙江省苍南县江南围涂工程可行性研究报告．1995．

中华人民共和国交通部．港口工程技术规范．北京：人民交通出版社，1988．

Hugo B Fisher. A method for prediction pollutant Transport in Tidal water. University of California water Resources Center Contribution No. 132，March 1970.

第 2 部分

苍南新美洲建港
条件初步研究

1　概　述

随着我国国民经济的持续快速发展，人民生活水平不断地提高，农业越来越被人们所关注。国家对农业一向十分重视。但多年来，化肥生产的不平衡性已成为制约我国农业及经济作物全面发展的重要原因之一，其中钾肥更为突出。为此每年国家需耗巨额外汇靠进口来平衡。

目前国内现有的最大钾肥基地在青海省，离销售地甚远，给钾肥（盐）深加工和农用钾肥的运输带来极大不便，从而影响了农业的发展。

温州市苍南县，地处我国东南沿海，历来为浙南闽北物资的集散地，区位优势突出。县内被誉为"世界矾都"的矾山镇蕴藏着丰富的明矾石资源，其储量和品位居全国之首、世界著称。水尾山矿区的矾石储量超过 $7\,000 \times 10^4$ t，平均品位达 46.88%，具有建设 $25 \times 10^4 \sim 50 \times 10^4$ t/a，乃至更大规模的钾肥厂的发展前景。苍南明矾石含有钾、铝、硫，还伴生镓、钒等多种元素，是发展无氯钾肥、有色冶金、基本化工以及精细化工的宝贵资源。因此，矾山镇是国家计委、化工部拟在温州地区建 25×10^4 t/a 大型钾肥厂的原料基地。

国家重点工业性试验项目——水化学法-氯化钾提纯粗钾盐工艺，经引进俄罗斯技术的 2.4×10^4 t/a 工业试验装置鉴定，明矾石综合利用工艺已日趋成熟。25×10^4 t/a 大型钾肥厂项目一旦在温州地区实施，便可使明矾石资源得到综合利用，从而改变我国钾肥产销不合理的状况，对减少我国氧化铝、氢氧化铝进口具有重要的现实意义，可以加速我国农业生产的发展。

新美洲位于距苍南县龙港镇约 5 km 的敖江河口段南岸。该处民房和其他建筑物甚少，地面平整，用地成本低，拆迁量很少。其南部尚可围垦 3 万亩土地，能够满足大型钾肥厂项目土地使用的要求和发展的需要。新美洲地层为第四系，岩性为海积黏土及淤泥质黏土，厚度为 40~59 m，构造简单，可作为钾肥厂项目建设用地。新美洲离矾山矾矿距离近，仅约 37 km，矿石可用海运解决，直接运至大型钾肥厂址的自备码头，从而降低了运输成本。新美洲周围淡水资源丰富，可保证钾肥厂用水；生活饮用水可由附近龙港第二水厂供给。由于新美洲紧临敖江，接近敖江入海口，使钾肥厂有条件在厂区内建设自备码头；又可使钾肥厂污水处理后容易排放入海。

此外，新美洲紧靠龙港镇，使钾肥厂项目建设有所依托。龙港镇是全国闻名的"中国第一农民城"，经过十多年的建设，已逐步形成自己独特的经济格局，为全国小城镇综合改革的试点镇，中国乡镇投资的百强镇之一，是浙南闽北地区经济中心之一和物资集散地。它紧靠 104 国道，南连福州、厦门，北通温州、杭州和上海（图 1-1）。规划建设中的温福铁路和高速公路穿越龙港镇西北端，并开口设站；龙港镇港口已有23 座码头，正在建设的 1 500 吨级 2 号货运码头即将交付使用，水陆交通甚为便利。总之，龙港镇的区域、资源、市场优势以及社会经济、投资环境、基础设施条件等都对大型钾肥厂项目的建设十分有利。

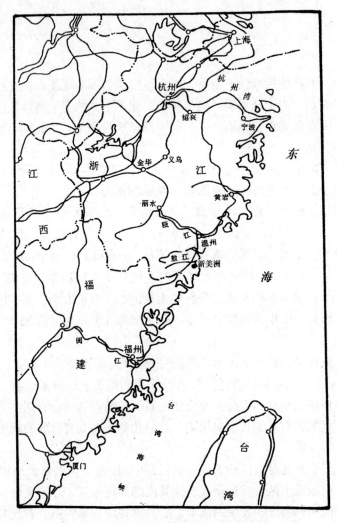

图 1-1　新美洲地理位置

在新美洲建设 25×10^4 t/a 钾肥厂，具有十分优越的诸多有利条件，关键在于新美洲钾肥厂前沿的敖江边能否建设 1 000 吨级的专用码头，以保证钾肥厂进口原料的供应，确保钾肥厂的正常生产。为此，苍南县计委委托南京水利科学研究院，就新美洲建港条件进行初步研究。重点研究新美洲建港的水深条件、码头的通过能力，并初步进行拟建码头的规划布置，对新美洲的自然条件和敖江河口地区的演变也进行了概略的叙述和分析，以供温州地区 25×10^4 t/a 钾肥厂选址时参考使用。

2　自然条件

2.1　地理位置

新美洲位于东经 120°07′，北纬 27°36′ 的苍南县江南平原北端，地处敖江南岸入海口附近，东濒东海，北通温州、上海，西南接福建省，东南近台湾，区位优势突出。

2.2　地质地貌

新美洲属近代海积平原，地势平坦，构造简单，目前大部分为滩涂旱地。根据国家地震局 1990 年颁布的"中国地震烈度区划图"，该地区地震烈度属Ⅵ度区。

2.3　气象

新美洲位于中亚热带，受海洋性季风环流影响，气候温和湿润，四季分明，冬暖夏凉，气温适中，雨量充沛。

1）气温

根据苍南钱库仙居气象站和平阳县气象资料统计，两站多年平均气温分别为 17.8℃ 和 18℃，年极端最高气温分别为 35.1℃ 和 37.7℃，最低气温分别为 -3.2℃ 和 -5℃。多年平均日照时数为 1 866.8 h，日照率 42%，无霜期天数 277 d，相对湿度 83%。

2）降雨

仙居站和敖江站多年平均降雨量分别为 1 535 mm 和 1 553 mm。年内降雨量分布不均匀，且呈季节性变化。一般而言，每年 4—6 月为梅雨期，降雨量多；7—8 月台风登陆期间，常伴有狂风暴雨出现；12 月至翌年 2 月降雨量相对较少。

3）风况

风速风向受季风影响明显，冬季受蒙古高压控制，盛行北风、西北风；夏季受太平洋副热带高压及其边缘控制，盛行南风、东南风；春秋两季为南、北气流交替期，风向多变。

根据琵琶门海洋水文站 10 年风的资料统计，多年平均风速为 5.0 m/s；最大风速 30 m/s，风向为 ENE；实测最大瞬时风速 40 m/s。历年各月平均风速多为 3.3~6.8 m/s，历年 4 月风速最小，8 月、9 月、10 月风速较大。据该站 1986—1993 年风的资料统计，大于或等于 6 级风的历年平均实测次数为 80.50 次；7 级风以上为 13.25 次；8 级风以上为 3.5 次。由此可见，大风天数不多，且多出现在台风期间。

4）雾

根据琵琶门海洋水文站观测记录，本地区大雾一般发生在晚 23 时至次日 11 时，每年 1—5 月雾出现次数最多，占全年出现次数的 69.7%。历年雾出现次数变化甚大，最大可相差 5.9 倍。历年出现雾时平均值为 1 446 h（约合 12 d），其中 1990 年雾日最多，约为 20.5 d。

　　5）灾害性天气

　　本地区由于受季风环流影响，灾害性天气主要是台风、强冷空气、暴雨和干旱等，其中台风是最恶劣的灾害性天气，常伴有暴风雨和风暴潮。新中国成立以来至 1994 年，台风影响约有 80 余次；其中影响较大的有 1956 年 8 月 1 日台风，1958 年 9 月 4 日台风，1971 年 9 月 23 日台风，1990 年 6 月 24 日及 10 月 6 日台风，1994 年 8 月 8 日及 8 月 21 日台风等。

2.4　水文

　　敖江古名横阳江，又名始阳江，发源于南雁荡山脉，经顺溪、水头于扬屿山—琵琶山入东海（图 2-1），全长 82 km，其流域几乎全部在平阳和苍南两县之内，流域面积 1 542 km²，是浙江省独流入海的重要水系之一，其感潮河段约长 46 km。

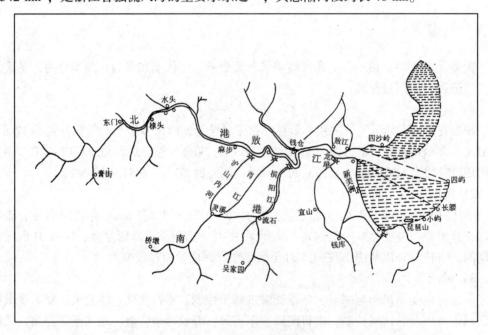

图 2-1　敖江流域示意

　　1）径流

　　埭头水文站为敖江上游径流的主要控制站，据该站资料统计，敖江干流（北港）多年平均径流量为 16.9 m³/s。径流量年内分布很不均匀，以 5—6 月的梅雨季节与 8—9 月台风雨季为最大。5—9 月为汛期，这期间下泄径流量约占全年的 70% 左右，洪峰流量变幅也很大。11 月至翌年 3 月为枯水期。由于台风雨季降水强度特大，所以各年最大洪峰流量除少数出现在梅雨季节外，大多数发生在台风雨季，历年最大洪峰流量为 3 410 m³/s。麻步以下的感潮河段，主要有支流横阳江、肖江、沪山内河等南港水系注入。据横阳江玉岙站资料统计，南港年平均径流量为 5 m³/s，约为干流的 28%，同期洪峰流量可为干流的 45%。

2）潮汐

除上游径流是作用于敖江河口河床地形的动力因素外，还有海洋动力因素，特别是潮汐作用。敖江河口是一个强潮河口，潮汐为不规则半日潮。琵琶山附近入海口宽达 10 000 m，至敖江镇河宽约为 280 m，为典型的喇叭形河口，潮波变形比较剧烈。敖江站和琵琶门站的资料统计结果如表 2-1 所示。

表 2-1　敖江站和琵琶门站潮汐特征值　　　　（单位：m，吴淞零点）

特征值	敖江站	琵琶门站
历年最高水位	6.70	6.23
历年最低水位	−0.44	−2.02
历年最大潮差	6.41	7.33
历年最小潮差	1.03	1.40
历年平均涨潮历时	4 小时 08 分	6 小时 02 分
历年平均落潮历时	8 小时 17 分	6 小时 24 分
资料统计年限（年）	35	14

麻步以上，由于河床迅速抬高，潮流上溯受阻，潮差迅速减小，至占家埠潮差已不足 1 m。潮区界随径流量大小而变动，枯水期大潮可达占家埠；洪水时，敖江站常无涨潮流。

3）潮流

潮流在口外，主要受外海传来的 M_2 分潮控制，属半日潮流区。潮流主轴通常东南（涨）—西北（落）向，进入河口后，变形加剧，在敖江深槽吸引下，潮流方向基本与河势一致，成往复流。

敖江河口段涨、落潮流速与上游径流量关系密切。在枯水期，上游下泄径流量很小，河口区涨潮流速大于落潮流速。涨、落潮流速比值大于 1。汛期由于上游径流量增大，涨潮流历时缩短，流速减小；落潮流历时延长，流速增大，涨、落潮流速比值减少。总的来讲，河口涨、落潮流速比值随上游径流量增大而减小。

4）泥沙

敖江上游流域来沙量不多，多年平均输沙量仅为 $8.17×10^4$ t，泥沙来源主要是海域。涨、落潮含沙量一般自河口向下游沿程逐渐递减；涨潮含沙量大于落潮含沙量。枯水期间敖江站涨、落潮平均含沙量可达 6~8 kg/m³。河口段河床质组成大多为细粉砂，中值粒径为 0.016 mm，局部地区河床质较粗，有细砂存在。海域来沙常常是造成河口段航道泥沙淤积的主要物质来源。

5）波浪

作用于敖江河口的海洋动力因素中，波浪的影响也不容忽视。根据琵琶门海洋水文站资料，历年多出现混合浪，涌浪出现的频率大于风浪。波浪方向与风向基本一致，集中在 ENE 向和 E 向。多年平均波周期 5.0 s，多年平均波高 0.7 m。多年各月波高平均

值变化不大，为 0.6~0.8 m。3.0 m 以上的大浪多出现在台风季节，多为 E 向和 ENE
向。各级波浪出现的频率如表 2-2 所示。台风是造成本地区大浪的主要原因。虽然敖
江河口段缺少波浪资料，但新美洲位于敖江河口内，加上敖江外多浅滩，预计新美洲拟
建泊位处波浪的影响不大。

表 2-2　琵琶门站各级波浪统计

波级	0~2	3	4	5	6
频率（%）	28.01	68.25	3.47	0.24	0.03

3　敖江河口段河床演变

3.1　河口段冲淤变化

敖江河口段 1971—1981 年全河段低水河床有冲有淤，淤积主要在敖江港区以下河
段，而冲刷主要在敖江港区以上河段。全河段累计淤积 27×10^4 m³，平均淤积厚度
0.12 m。1981—1986 年，除龙江港区发生局部冲刷外，全河段低水河床均发生严重淤
积。敖江港区以上段淤积比较严重，而龙江港区以下至口门段淤积量较小，全河段总
淤积量为 66×10^4 m³，平均淤积厚度为 0.30 m。

3.2　河宽变化

敖江河口段的低潮位河床宽度有不同程度的缩窄。龙江港以上河段缩窄不大，江口
以下口门段河宽由 800 m 缩减至 550 m，河宽缩窄近 1/3。1971 年以来，江口以上河段
淤积比较严重，而以下河段河床淤积较轻，与该河段不断缩窄有关。

3.3　敖江一期整治工程的影响

一期整治工程在敖江港区斜对面筑两条丁坝。工程实施后，该工程所在的丁坝断面
至龙江港约 4 km 航道内，水深都有不同程度的增加，其中整治段至敖江航道段增加
0.8 m 左右，向下游，水深增加值逐渐减少，龙江港附近航道内还略有淤积。整治结果
为上段冲刷，下段淤积。航道水深在横向上的分布特点为：航道左侧冲刷比较明显，右
侧冲刷较小。丁坝之间和下游掩护区则发生淤积，其厚度为 1.0~0.2 m。上述结果表
明，一期整治工程的效果是非常明显的，为敖江河口段进一步整治打下了良好的基础。

3.4　淤积原因

1）上游建水库
1958 年以来，水利部门在敖江上游干、支流兴建了一批水利工程，库容在 1×

10^4 m^3 以上的水库有 90 多座，其中南港水系上游较大的有吴家园水库和桥墩水库，库容约 $7\,000 \times 10^4$ m^3，几乎全部拦截了南港水系下泄的径流量，减少了约占干流 28% 的径流量。建库以后，下泄径流量大幅减小，对感潮河段港区和航道淤积有较大的影响。

2）支流建闸，纳潮量减小

为了拒咸蓄淡，南港支流相继修建了挡潮闸，减少了南港支流的纳潮量，估算纳潮量减少 480×10^4 m^3，占河口进潮量的 26% 左右。河口断面大小同进潮量成正比关系，进潮量减小，河口断面随之淤积。

3）潮波变形加剧

敖江是山区性潮汐河口，感潮河段仅 46 km，河口显著的喇叭口形状和陡峻的河床比降，使潮波变形非常剧烈。敖江上游建水库，河床断面淤积，更加剧了潮波变形。潮波变形的主要反应之一为涨潮流历时缩短，落潮流历时加长。敖江站涨潮流历时，1960 年为 4 小时 30 分，1987 年缩短为 3 小时 40 分至 4 小时，落潮流历时相应延长，其结果是落潮流速减小，涨潮流速加大。众所周知，水流挟沙能力与流速的 3 次方成正比，因而涨潮流期间输入的沙量远大于落潮流期间输出的沙量，潮波变形加剧了河口的淤积。

3.5　敖江河口河床演变的发展趋势

如上所述，敖江上游建水库，下游南港等支流筑闸蓄淡和由此引起的潮波变形，使河口动力条件减弱，进出河口泥沙不平衡，敖江口航道和港口发生了严重的淤积问题。引起敖江河口淤积的诸多不利因素已存在多年，河口已在这些不利条件下达到了新的动力平衡。洪水年，上游来水较丰的情况下，河口段可能会冲深一些。反之在枯水年，上游来水量较少时，河口段可能会淤积一些。总之，河口段单向淤积的阶段已经过去。

敖江口上游来沙量很少，泥沙主要来自口外，口门外两侧的大片浅滩是主要的沙源。河口两侧滩地不断淤高，逐渐具备了围垦条件，有关部门已经制订了围垦规划，并在逐步实施中，仅龙港镇近年来围垦了数千亩滩涂，超过同期镇区市政建设用地。随着围垦规模的扩大，敖江口外活动泥沙数量会减少，风浪掀起的泥沙也会随之减少。敖江口外含沙量，特别是大风天的含沙量相应减低，对减轻敖江口内港口和航道的淤积是有利的。已经制订的围垦规划全部实施以后，敖江河口段的淤积状况将有很大改善，水深会有所增加。如果敖江口地区经济进一步发展，需要吃水更大的船舶进港装卸货物，可以考虑整治敖江口拦门沙，提高拦门沙航道的通过能力。敖江口如果筑双导堤直抵 -5 m 以上等深线，敖江进 $5\,000$ 吨级或更大的船舶也是有可能的。

4　航道通航能力分析

考虑到新美洲港区前沿的自然条件和钾肥厂运输原料品种单一的特点，推荐该厂使用船舶工业总公司 708 所设计的 $2\,000$ 吨级浅吃水肥大体自卸船。该船舶的主要尺度为：船长 L 为 96 m，船宽 B 为 16.6 m，满载吃水 T 为 2.5 m。

4.1　航道的宽度

根据《港口工程技术规范》，双向航道的设计宽度为：

$$W = 2A + B + 2C$$

式中：

A——航迹带宽度，用下式表示，

$$A = n\ (L\sin\gamma + B)$$

n——船身的漂移倍数（取 1.81）；

L——船长（96 m）；

γ——风流的压偏角（3°）；

B——船宽（16.6 m）；

C——船岸间距（取 10 m）。

经计算，设计航道宽度 $W = 111$ m。敖江航道，特别是拦门沙航道未经整治和疏浚，天然航道宽度完全满足上述船舶通航的要求。

4.2　航道的设计深度

根据《港口工程技术规范》，航道的设计水深可表示为：

$$D = D_0 + Z_4$$

式中：

$$D_0 = T + Z_0 + Z_1 + Z_2 + Z_3$$

T——船舶的满载吃水（2.5 m）；

Z_0——船舶航行时船体下沉的富裕水深（0.2 m）；

Z_1——龙骨下富裕深度（0.2 m）；

Z_2——波浪引起的富裕水深（0.24 m）；

Z_3——配载不均匀富裕水深（0.15 m）；

Z_4——航道开挖时的备淤水深（0 m）。

计算的航道设计水深为 3.3 m。

敖江拦门沙航道水深最小，最浅处为理论基面以上 0.7 m，即吴淞零点下 0.9 m，满载的钾肥厂运输船舶必须候潮进港。吃水为 2.5 m 的船舶，航道设计水深为 3.3 m，通航这样的船舶，拦门沙地区潮位必须在 2.4 m（吴淞零点，下同）以上。表 4-1 和表 4-2 分别为敖江和琵琶门两个潮位站各级潮位满足乘潮 1.5 h、2.0 h、2.5 h、3.0 h、3.5 h、4.0 h 通航时间的保证率。敖江潮位站处在河口过渡段的上段，潮位受上游下泄径流的影响，水位偏高。琵琶门潮位站在敖江口门南侧，其潮位主要受海洋潮汐的影响。拦门沙地区潮位应介于两者之间。在拦门沙没有实测潮位的情况下，采用琵琶门站的潮位是相对安全的。敖江口拦门沙长度约 12 km，船舶通过拦门沙时间少于 2 h，在项目建议书阶段，由于时间和资料的关系，考虑因素不全面，为留有余地起见，采用 2.5 h 乘潮时间是合适的。由表 4-2 可知，潮位为 2.4 m，满足 2.5 h 乘潮通航时间的保证率为 99.9%，即钾肥厂满载各种原材料的船舶，每天均可乘潮进港。

表 4-1　敖江站潮位、乘潮保证率计算

潮位 （m）	潮位保证率 （%）	乘潮保证率（%）					
		1.5 h	2.0 h	2.5 h	3.0 h	3.5 h	4.0 h
-0.23	100.0	100.0	100.0	100.0	100.0	100.0	100.0
-0.03	99.6	100.0	100.0	100.0	100.0	100.0	100.0
0.17	97.1	100.0	100.0	100.0	100.0	100.0	100.0
0.37	62.2	100.0	100.0	100.0	100.0	100.0	100.0
0.57	86.7	100.0	100.0	100.0	100.0	100.0	100.0
0.77	81.1	100.0	100.0	100.0	100.0	100.0	100.0
0.97	76.0	100.0	100.0	100.0	100.0	100.0	100.0
1.17	71.3	100.0	100.0	100.0	100.0	100.0	100.0
1.37	67.0	100.0	100.0	100.0	100.0	100.0	100.0
1.57	63.1	100.0	100.0	100.0	100.0	100.0	100.0
1.77	59.4	100.0	100.0	100.0	100.0	100.0	100.0
1.97	55.9	100.0	100.0	100.0	100.0	100.0	100.0
2.17	52.6	100.0	100.0	100.0	100.0	100.0	100.0
2.37	49.3	100.0	100.0	100.0	100.0	100.0	100.0
2.57	46.1	100.0	100.0	100.0	100.0	100.0	100.0
2.77	42.9	100.0	100.0	100.0	100.0	100.0	100.0
2.97	39.7	100.0	100.0	100.0	100.0	99.7	96.1
3.17	36.5	100.0	100.0	99.9	98.7	95.3	84.1
3.37	33.0	99.9	99.0	96.8	91.7	83.8	64.5
3.57	29.1	96.2	93.7	88.6	82.1	66.4	40.3
3.77	24.8	89.4	85.6	79.2	67.4	46.3	14.6
3.97	20.6	81.2	75.5	65.4	47.6	23.9	4.2
4.17	16.6	69.1	61.6	48.0	29.5	7.7	1.5
4.37	12.5	56.6	47.0	31.6	12.7	2.5	0.6
4.57	8.9	42.5	30.4	16.4	3.8	0.9	0.3
4.77	6.1	28.4	16.7	6.3	1.0	0.4	0.0
4.97	3.6	15.0	7.4	1.3	0.4	0.3	0.0
5.17	1.8	7.1	1.9	0.4	0.3	0.0	0.0
5.37	0.8	1.7	0.4	0.3	0.0	0.0	0.0
5.57	0.2	0.4	0.4	0.0	0.0	0.0	0.0
5.77	0.1	0.3	0.0	0.0	0.0	0.0	0.0
5.97	0.0	0.0	0.0	0.0	0.0	0.0	0.0
6.17	0.0	0.0	0.0	0.0	0.0	0.0	0.0
6.37	0.0	0.0	0.0	0.0	0.0	0.0	0.0

表 4-2 琵琶门站潮位、乘潮保证率计算

潮位 (m)	潮位保证率 (%)	乘潮保证率 (%)					
		1.5 h	2.0 h	2.5 h	3.0 h	3.5 h	4.0 h
-1.58	100.0	100.0	100.0	100.0	100.0	100.0	100.0
-1.38	99.9	100.0	100.0	100.0	100.0	100.0	100.0
-1.18	99.7	100.0	100.0	100.0	100.0	100.0	100.0
-0.98	99.2	100.0	100.0	100.0	100.0	100.0	100.0
-0.78	98.5	100.0	100.0	100.0	100.0	100.0	100.0
-0.58	97.4	100.0	100.0	100.0	100.0	100.0	100.0
-0.38	95.7	100.0	100.0	100.0	100.0	100.0	100.0
-0.18	93.4	100.0	100.0	100.0	100.0	100.0	100.0
0.02	90.6	100.0	100.0	100.0	100.0	100.0	100.0
0.22	87.2	100.0	100.0	100.0	100.0	100.0	100.0
0.42	83.5	100.0	100.0	100.0	100.0	100.0	99.9
0.62	79.2	100.0	100.0	100.0	100.0	100.0	99.9
0.82	74.9	100.0	100.0	100.0	100.0	100.0	99.9
1.02	70.9	100.0	100.0	100.0	100.0	99.9	99.9
1.22	67.1	100.0	100.0	100.0	100.0	99.9	99.9
1.42	63.3	100.0	100.0	100.0	99.9	99.9	99.7
1.62	59.7	100.0	100.0	100.0	99.9	99.9	99.7
1.82	56.3	100.0	100.0	99.9	99.9	99.7	99.7
2.02	52.9	100.0	100.0	99.9	99.9	99.7	99.7
2.22	49.4	100.0	99.9	99.9	99.7	99.7	99.7
2.42	45.9	100.0	99.9	99.9	99.7	99.7	99.7
2.62	42.4	99.9	99.9	99.7	99.7	99.7	98.8
2.82	38.7	99.9	99.9	99.6	99.6	96.9	90.5
3.02	34.7	99.7	99.1	97.2	94.2	87.0	72.9
3.22	30.4	96.5	94.0	90.1	83.2	72.0	50.1
3.42	25.9	89.9	85.3	80.2	69.1	51.5	28.6
3.62	21.2	80.8	75.7	65.5	50.7	31.9	9.0
3.82	16.6	66.8	59.0	48.5	33.2	13.6	2.0
4.02	12.2	52.2	45.0	32.5	16.0	4.2	0.6
4.22	8.6	40.1	29.6	17.2	6.3	0.7	0.3
4.42	5.6	25.5	16.2	7.4	0.9	0.3	0.0
4.62	3.0	12.7	6.7	1.5	0.4	0.1	0.0
4.82	1.5	5.4	1.5	0.4	0.3	0.0	0.0
5.02	0.5	1.2	0.6	0.3	0.0	0.0	0.0
5.22	0.1	0.3	0.3	0.0	0.0	0.0	0.0
5.42	0.0	0.1	0.0	0.0	0.0	0.0	0.0
5.62	0.0	0.0	0.0	0.0	0.0	0.0	0.0

4.3　港池的设计水深

根据《港口工程技术规范》，港池水深应用下式表示：

$$D = T + Z_1 + Z_2 + Z_3 + Z_4$$

式中：

T——满载吃水；

Z_1——龙骨下富裕深度（0.2 m）；

Z_2——波浪富裕深度（0.15 m）；

Z_3——不均匀配载富裕深度（0.15 m）；

Z_4——开挖时备淤深度（0.15 m）。

经计算，港池设计水深为 3.2 m。

表 4-3 和表 4-4 为敖江站和琵琶门站高、低潮位频率。《港口工程技术规范》规定，设计高水位采用高潮累积频率 10% 的潮位，设计低水位采用低潮累积频率 90% 的潮位。由表 4-3 可知，敖江站的设计高水位为 5.36 m，设计低水位为 -0.03 m。新美洲钾肥厂港区位于江口镇站和口门站之间，目前尚无潮位站，通常情况下，可与邻近潮位站作相关分析，初步确定码头区的设计高、低水位，口门站现有的资料尚不足以完成这样的相关分析。表 4-5 为敖江站、江口镇站和口门站的高、低潮位。口门站和敖江站的高潮位仅相差 0.1~0.14 m，钾肥厂码头的设计高水位可初定为 5.26 m。敖江站的低潮位比口门站高 0.32~0.41 m，低潮位越低，两者之差越小，且钾肥厂码头在江口镇站和口门站之间，低潮位相差值应更小。敖江站设计低水位为 -0.03 m，考虑到两站之间的潮位差，初定钾肥厂码头的设计低水位为 -0.30 m 是合适的。最后的设计高、低水位，待将来积累资料作相关分析后再定。

表 4-3　敖江站高、低潮位频率统计

频率	高潮位（m）	低潮位（m）	频率	高潮位（m）	低潮位（m）	频率	高潮位（m）	低潮位（m）
1.00	5.74	1.37	34.00	4.92	0.37	67.00	4.38	0.11
2.00	5.65	1.11	35.00	4.91	0.35	68.00	4.35	0.10
3.00	5.60	1.02	36.00	4.89	0.34	69.00	4.34	0.10
4.00	5.56	0.95	37.00	4.87	0.33	70.00	4.33	0.09
5.00	5.54	0.89	38.00	4.85	0.32	71.00	4.32	0.09
6.00	5.47	0.82	39.00	4.84	0.31	72.00	4.31	0.08
7.00	5.44	0.77	40.00	4.84	0.29	73.00	4.29	0.08
8.00	5.41	0.75	41.00	4.82	0.28	74.00	4.28	0.07
9.00	5.39	0.71	42.00	4.80	0.27	75.00	4.26	0.07
10.00	5.36	0.68	43.00	4.79	0.26	76.00	4.24	0.06
11.00	5.33	0.66	44.00	4.77	0.26	77.00	4.23	0.06
12.00	5.29	0.64	45.00	4.75	0.25	78.00	4.20	0.05

续表

频率	高潮位（m）	低潮位（m）	频率	高潮位（m）	低潮位（m）	频率	高潮位（m）	低潮位（m）
13.00	5.27	0.63	46.00	4.72	0.25	79.00	4.19	0.04
14.00	5.24	0.62	47.00	4.70	0.24	80.00	4.16	0.04
15.00	5.22	0.60	48.00	4.68	0.24	81.00	4.14	0.03
16.00	5.20	0.59	49.00	4.66	0.23	82.00	4.11	0.03
17.00	5.19	0.57	50.00	4.65	0.22	83.00	4.10	0.02
18.00	5.18	0.56	51.00	4.63	0.21	84.00	4.05	0.01
19.00	5.16	0.54	52.00	4.61	0.21	85.00	4.02	0.00
20.00	5.14	0.53	53.00	4.59	0.20	86.00	4.00	0.00
21.00	5.11	0.52	54.00	4.57	0.20	87.00	3.99	−0.01
22.00	5.09	0.50	55.00	4.56	0.19	88.00	3.96	−0.02
23.00	5.07	0.49	56.00	4.56	0.19	89.00	3.93	−0.02
24.00	5.06	0.47	57.00	4.55	0.18	90.00	3.89	−0.03
25.00	5.05	0.46	58.00	4.53	0.18	91.00	3.88	−0.04
26.00	5.04	0.44	59.00	4.51	0.17	92.00	3.84	−0.05
27.00	5.03	0.43	60.00	4.50	0.16	93.00	3.80	−0.06
28.00	5.01	0.42	61.00	4.49	0.16	94.00	3.76	−0.08
29.00	4.99	0.41	62.00	4.47	0.15	95.00	3.74	−0.09
30.00	4.98	0.40	63.00	4.45	0.14	96.00	3.68	−0.11
31.00	4.97	0.39	64.00	4.43	0.14	97.00	3.64	−0.13
32.00	4.95	0.39	65.00	4.41	0.13	98.00	3.60	−0.15
33.00	4.93	0.38	66.00	4.40	0.12	99.00	3.55	−0.19

表 4-4　琵琶门站高、低潮位频率统计

频率	高潮位（m）	低潮位（m）	频率	高潮位（m）	低潮位（m）	频率	高潮位（m）	低潮位（m）
1.00	5.33	0.94	34.00	4.49	0.03	67.00	3.95	−0.48
2.00	5.21	0.86	35.00	4.48	0.01	68.00	3.94	−0.50
3.00	5.16	0.73	36.00	4.47	0.01	69.00	3.93	−0.51
4.00	5.14	0.68	37.00	4.45	−0.01	70.00	3.92	−0.53
5.00	5.10	0.63	38.00	4.43	−0.02	71.00	3.91	−0.55
6.00	5.04	0.60	39.00	4.42	−0.04	72.00	3.90	−0.57
7.00	5.01	0.56	40.00	4.41	−0.06	73.00	3.89	−0.58
8.00	4.99	0.54	41.00	4.40	−0.08	74.00	3.88	−0.60
9.00	4.96	0.52	42.00	4.38	−0.09	75.00	3.87	−0.62
10.00	4.94	0.51	43.00	4.37	−0.10	76.00	3.86	−0.64
11.00	4.91	0.49	44.00	4.34	−0.12	77.00	3.83	−0.66

频率	高潮位（m）	低潮位（m）	频率	高潮位（m）	低潮位（m）	频率	高潮位（m）	低潮位（m）
12.00	4.90	0.47	45.00	4.33	-0.14	78.00	3.82	-0.68
13.00	4.84	0.43	46.00	4.31	-0.15	79.00	3.80	-0.71
14.00	4.81	0.42	47.00	4.30	-0.17	80.00	3.77	-0.73
15.00	4.79	0.41	48.00	4.28	-0.18	81.00	3.75	-0.74
16.00	4.76	0.39	49.00	4.27	-0.19	82.00	3.73	-0.76
17.00	4.75	0.37	50.00	4.25	-0.22	83.00	3.70	-0.79
18.00	4.73	0.35	51.00	4.22	-0.23	84.00	3.68	-0.80
19.00	4.71	0.32	52.00	4.20	-0.24	85.00	3.66	-0.82
20.00	4.69	0.29	53.00	4.18	-0.25	86.00	3.63	-0.84
21.00	4.67	0.27	54.00	4.16	-0.27	87.00	3.62	-0.86
22.00	4.66	0.26	55.00	4.15	-0.28	88.00	3.60	-0.90
23.00	4.64	0.24	56.00	4.14	-0.30	89.00	3.57	-0.96
24.00	4.63	0.23	57.00	4.13	-0.31	90.00	3.55	-0.99
25.00	4.61	0.22	58.00	4.10	-0.33	91.00	3.54	-1.02
26.00	4.60	0.18	59.00	4.09	-0.35	92.00	3.52	-1.04
27.00	4.59	0.16	60.00	4.08	-0.37	93.00	3.48	-1.07
28.00	4.57	0.14	61.00	4.06	-0.39	94.00	3.46	-1.11
29.00	4.56	0.12	62.00	4.04	-0.41	95.00	3.39	-1.15
30.00	4.54	0.11	63.00	4.02	-0.42	96.00	3.35	-1.21
31.00	4.52	0.09	64.00	4.00	-0.44	97.00	3.30	-1.26
32.00	4.51	0.08	65.00	3.98	-0.45	98.00	3.24	-1.31
33.00	4.50	0.05	66.00	3.97	-0.46	99.00	3.20	-1.40

表 4-5 敖江河口沿程实测高、低潮位

站名	高潮位（m）		低潮位（m）	
口门站	5.36	5.50	0.09	-0.32
江口镇站	5.36	5.40	0.45	-0.10
敖江镇站	5.50	5.60	0.50	0.00

钾肥厂拟建码头前沿河床高程为 -1.2 m，设计低水位按 -0.3 m 计，为满足吃水 2.5 m 的船舶装卸要求，港池应浚深至 -3.5 m，即浚深 2.3 m。应该指出，敖江站涨落潮平均含沙量可达 6~8 kg/m³，最大含沙量可达 20 km/m³，港池局部浚深，回淤量一定比较大。考虑到本河段河床质中值粒径为 0.016 m，港池内回淤泥沙呈浮泥状。钾肥厂码头进出船舶较多，浮泥难以完全固结。国内外实践表明，浮泥容重在 1.25 t/m³ 以下，具有通航条件，可视为正常水深。码头前沿回淤后，可以利用一定深度的浮泥层。

随着时间的增长，港池底部淤积的泥沙仍然会固结，浚深后可能有5%左右时间搁浅作业。值得指出的是，若高潮时停靠船舶，随即进行卸货，则船舶吃水随之减小，可缩短或避免搁浅作业。

考虑到本河段河床质为软泥，矿石等散货船搁浅作业是可行的。在港池不挖深的情况下，2.5 m吃水船舶，加上不均匀配载富裕深度0.15 m，水位在1.45 m以下需搁浅作业。根据表4-1和表4-2潮位保证率估算，港池不挖泥，约有30%时间需搁浅作业。综上所述，钾肥厂在本河段建码头，吃水2.5 m船舶可以每天候潮进港，采取搁浅作业或港池局部浚深等措施，装卸也没问题。由于本海域经常遭受台风等影响，船舶可能连续几天不能进港装卸，建议适当扩大钾肥厂原料堆场面积。

5　钾肥厂港区岸线利用规划

5.1　规划原则

（1）岸线利用要做到"深水深用、浅水浅用"，充分保护好敖江水域条件，因势利导进行码头布置。

（2）码头建设满足钾肥厂生产运输需要，岸线占用满足钾肥厂和水泥厂发展规划，并留有发展余地。

（3）合理选择设计船型，充分利用乘潮时间，在确保港口建设与发展的同时，使建港与敖江口门航道整治相结合，满足船舶装卸作业和靠离泊的水深要求。

（4）根据钾肥厂运输货物及其运量，合理划分港口装卸作业区，港口通过能力应满足厂区水运运量的要求。

（5）保持原有敖江航道的畅通，合理布局港口的公路、内河集疏远通道。

5.2　货运量及船型

1）货运量

苍南县内拥有丰富的矿产资源，明矾石产地矾山镇被称为"世界矾都"，水尾矿区经国家储委会审定探明储量27 790×10⁴ t，高品位46.8%以上的明矾石矿储量5 270×10⁴ t。利用明矾石生产硫酸钾、工业级氯化钠、氧化铝，联产水泥，是明矾石综合利用领域的新突破。25×10⁴ t/a大型钾肥厂的建设，对调整我国钾肥生产布局和无氯钾肥的发展，减少我国氧化铝、氢氧化铝进口，对就近解决温州市及苍南附近市县水泥供应等都具有重要的现实意义，同时也具有显著的社会效益和一定的经济效益。

钾肥厂及水泥厂生产年运输量合计403×10⁴ t，具体介绍如下。

①运入的生产原料、燃料：

——精矿石　　　74.5×10⁴ t（由矾矿供应）；

——氯化钾　　　18×10⁴ t（国外进口）；

——液碱（38%）　　　33×10⁴ t（市场采购）；

——煤炭　　34×10⁴ t；

——柴油　2.5×10⁴ t（外购）；

——水泥熟料　60×10⁴ t（自金华）；

——水泥掺和料等　8×10⁴ t（外购）；

——其他　　6×10⁴ t。

② 输出的生产产品：

——硫酸钾　25×10⁴ t（外销）；

——氧化铝　9.13×10⁴ t（外销）；

——精制氢氧化铝　2×10⁴ t（外销）；

——水泥　100×10⁴ t（外销）；

——工业级氯化钠　13×10⁴ t（外销）；

——碱浸渣　10×10⁴ t（综合利用）；

——硅渣　0.65×10⁴ t（综合利用）；

——煤渣　7.22×10⁴ t（综合利用）。

2）船型

根据钾肥厂运输货种、运距和运量，充分利用敖江口门航道条件，合理确定泊位吨级并选择浅吃水专用船型，拟采用的船型如表 5-1 所示。

表 5-1　钾肥厂的拟用船型

船型名称	型长（m）	型宽（m）	型深（m）	吃水（m）
2 000 吨级肥大体浅吃水自卸船	96	16.6	3.8	2.5
1 500 吨级甲板驳	75	13	3.5	2.6
1 000 吨级矿驳	62	13	3.5	2.64
800 吨级沿海分节驳	56.23	11	3.8	2.55
1 500 吨级沿海货船	71.53	12.5	4.2	3.3
1 000 吨级沿海货船	63.1	10.5	4.4	3.4

5.3　岸线利用及陆域布局范围

钾肥厂厂区位于龙港镇东侧新美洲，在龙港工业项目建设规划区，东临东海，紧靠敖江入海口，厂区区域为敖江海涂，地势平坦。

在敖江口门凸岸可利用岸线长 2 km，近期规划 800 m，建两个 2 000 吨级泊位和 6 个 1 000 吨级泊位，均考虑顺岸式码头，在预留的可用岸线中尚可建 6 个 1 000 吨级泊位。在凸岸内侧和新美洲船闸以东的大片滩涂上，可作为大型钾肥厂和水泥厂建设用地，钾肥厂近期规划占地 106.51 hm²，远期用地广阔。具体布置详见图 5-1。

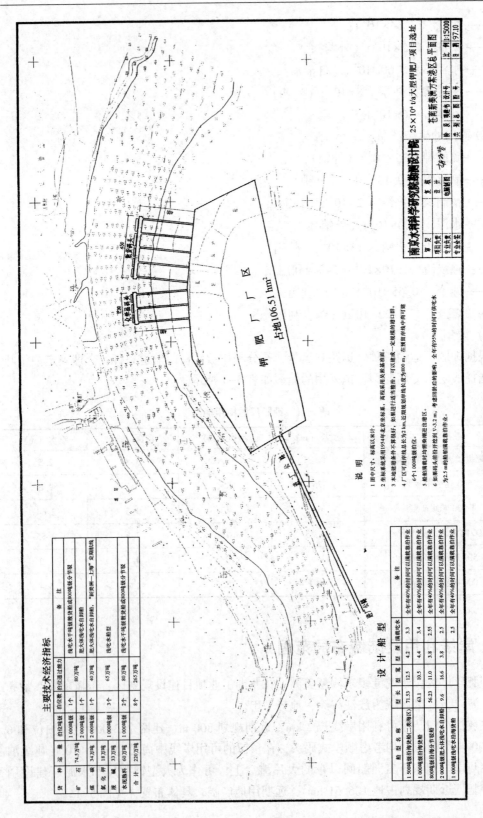

图5-1 苍南新美洲方案港区总平面图

5.4　港口作业区划分

根据钾肥厂和水泥厂生产原料和产品运输特点，将码头主要划分为散货码头和化学品码头。

1）散货码头

近期规划 3 个 1 000 吨级泊位和 2 个 2 000 吨级浅吃水肥大体自卸船泊位，主要接运煤炭、矿石和水泥熟料等散货。根据需要，相邻位置也可建水泥出口码头，从而逐步形成散货装卸作业区。

2）化学品码头

布置泊位长度 230 m，规划 3 个 1 000 吨级泊位，主要是为钾肥厂生产原料液碱、氯化钾等化学品，也可装运硫酸钾、氧化铝、工业氯化钠等钾肥厂生产产品。

5.5　集疏运条件

港区集疏运通道的合理布置与畅通，是保证港口发展的充分与必要条件，苍南新美洲厂区集疏运条件有着得天独厚的优势。

1）公路

104 国道和高等级公路距厂区只有 6 km，进厂公路与之衔接，并形成重要的公路集疏运通道。

2）内河

苍南县江南平原水网密布，现有通航河流 25 条，通航里程 200 km，主要航道为敖江及敖江支流横阳支江航道，县城灵溪镇至厂区码头内河航道里程为 31 km。

3）铁路

温州至福州铁路已列入国家"九五"计划，全长 333 km，苍南境内为 91 km，厂区距龙港站 3 km。

4）货物运输

矿石运量为 74.5×10^4 t，采用水运与公路运输互为补充的运输方式，一部分从矿山陆运至长岸澳码头或福建前歧桃家屿码头，再水运至厂区码头；另一部分直接从矿山陆运由新建南宋至渡龙公路，改造挺南与灵—宜公路、龙—金公路至厂区，运距为 37 km。

煤炭运量为 34×10^4 t，可新辟"新美洲—上海"专用自卸船运输航线。

其他货物均可通过水运或汽车运输直接进出厂区。

5.6　规划的分期实施

岸线规划是厂区总体规划的初期阶段，也是 25×10^4 t/a 级大型钾肥厂项目选址的重要依据，随着建设项目的逐步实施，总体规划将不断完善、调整。因此必须加强对岸线规划的领导，落实措施，综合管理，制定分阶段开发计划，并根据不同货种，分区分期建设。

5.7　苍南新美洲方案选址运输优势

（1）钾肥厂厂区紧靠敖江，不受温福铁路建设的影响，可充分利用水运优势，减少钾肥厂生产原料和产品的中间运输环节，减少运费，从而降低生产成本。

（2）由于苍南有着得天独厚的矿产资源优势，钾肥厂建在苍南新美洲可利用水运和公路运输互补条件，满足矿石运输要求，有利于钾肥厂进一步扩大生产规模。

6　结语

（1）在苍南新美洲建 $25×10^4$ t/a 大型钾肥厂具有诸多优越条件：地理位置区位突出；离矾山矾矿距离近，矿石原料运距短，可用陆运与海运相结合的方式解决；周围淡水资源丰富，可保证钾肥厂用水；新美洲地面平整，民房和建筑物较少，用地成本低，拆迁量少，地层构造简单，可作为钾肥厂项目建设用地，能够满足大型钾肥厂对土地使用要求及发展需要；新美洲紧临敖江，接近敖江入海口，使钾肥厂有条件在厂区内建设自备码头，又可使钾肥厂污水处理后容易排放入海；龙江镇的区域、资源、市场优势以及社会经济、投资环境、基础设施条件等对大型钾肥厂项目的建设十分有利；新美洲具有良好的自然条件。

（2）新美洲地处敖江弯道凸岸，从河势来看，没有弯道凹岸好。但采取必要的措施（如采用浅吃水船只、码头前沿挖深、搁浅作业等）后，在钾肥厂区岸线建造码头群，用水运方式解决所需原料的供应和部分产品的运出是可能的。

（3）矿石、煤炭运输船只采用浅吃水船只，建议用 2 000 吨级浅吃水肥大体自卸船。

（4）液碱用 1 000 吨级浅吃水（吃水 2.5 m 以下）的专用船运输。

（5）码头前沿放在 -1.2 m（吴淞零点）等深线处。考虑到本河段河床质中值粒径为 0.016 mm，矿石等散货船搁浅作业是可行的。据分析，港池不挖深，有 30% 的时间需搁浅作业；如果港池浚深至 -3.5 m，即港池挖深 2.3 m 时，并考虑到回淤影响，仍可能有 5% 左右时间搁浅作业。值得注意的是，若在高潮时停靠船舶，随即进行卸货，则船舶吃水随之逐渐减小，可以缩短或避免搁浅作业。

（6）采用建议船型，船舶 2.5 h 乘潮进港保证率为 99.9%，即所用船只乘潮进港可以得到保证。

（7）为保证新美洲拟建港区的水深，必要时可采取工程措施，确保该段江岸线不发生变化。

（8）新美洲拟建码头群平面布置如 $25×10^4$ t/a 大钾肥厂项目选址苍南新美洲方案港区总平面图所示，图中还预留了大钾肥厂将来因扩建、货物运量增加及其他需要所需的码头位置。

（9）以上意见仅为初步研究结果，供钾肥厂厂址选择时参考使用。待钾肥厂项目立项后，需继续进行深入研究，确保码头正常使用。

参考文献

苍南县计划委员会，苍南县重点建设办公室．浙江·温州·苍南 25 万 t／a 钾肥建设项目厂址选择条件分析．1997.

杭州大学地理系．敖江河口调查报告．1974.

李洁麟．敖江港淤积及治理措施研究．海洋工程，1992，10（2）.

南京水利科学研究院河港所．苍南县巴曹建港条件初步研究．1996.

浙江省围垦局勘测设计所．浙江省苍南县江南围垦工程可行性研究报告．1995.

中华人民共和国交通部．港口工程技术规范．北京：人民交通出版社，1988.

第3部分

深圳港宝安综合港区
滩槽稳定性研究

1 概 述

本研究通过河口动力地貌分析，二维潮流数学模型和泥沙回淤预报技术等综合手段，对深圳港宝安综合港区规划建设中有关滩槽稳定性方面的问题进行了深入的专题研究，研究成果表明：港区所至的伶仃洋东部水域，潮流动力较强，水体含沙量较小，滩槽变迁缓慢，建港条件比较优越。报告分析认为，交椅湾是保持港区深槽稳定的重要环境，应注意加强保护；拟建港区深槽流速大，含沙浓度低，边滩流速小，含沙浓度高，并且近岸潮流先涨先落，易形成回流，因此规划港区应充分考虑深水区的开发利用。从数学模型的计算结果发现：人工岛方案（方案一）对边滩水流的影响最小，对交椅湾浅滩的潮流略有影响；长栈桥方案（方案四）对交椅湾及交椅沙浅滩的潮流动力有较大的调整改变；大顺岸方案（方案二、方案三）使港区下游近岸区的涨潮流有所减弱，落潮流有所增强。各方案码头前沿港池的流速衰减幅度都较大，涨、落潮流与航道的交角也比较大，挖入式港池（方案五）在涨潮流期间有明显的回流。泥沙回淤预报结果反映出浅水区开挖的港池内回淤强度比较大，航道以及天然水深较大的港池回淤比较轻微，挖入式港池的回流淤积比较严重。大风浪引起的骤淤一般在 40 cm 以内，只有在两场台风连续作用的极端情况下，浅水区开挖的航道内会形成 80 cm 左右的淤积厚度。

综合上述研究成果，报告认为：深圳宝安综合港区的建港条件是比较优越的，港口规划应充分利用交椅湾深槽的天然水深，注意保护周围水域的动力环境，码头泊位和港池应根据地形变化和水流条件规划相应的等级，航道布置尽可能顺应潮流流向。综合比较各方案，认为方案一和方案三的条件相对好一些，经过进一步的优化形成更为合理的方案六和方案七港区平面布置形式。潮流数模和回淤预报的计算结果表明：优化方案的港区水流泥沙环境比原方案有所改善。

1.1 研究目的和内容

深圳市宝安区为了发展区域经济，拟在伶仃洋东岸沙井至福永一段岸线规划建设综合港区。交通部水运规划设计院深圳蛇口设计公司作为该港区预可行性研究阶段的设计主持单位，委托我院承担港区规划的岸滩稳定性研究，根据委托单位提出的技术要求，需要开展下列几方面的研究工作。

（1）收集、分析、归纳港区所在水域的地形、地貌、沉积物以及风、浪、流、含沙量和含盐度等方面的勘察研究成果。

（2）港区滩槽演变分析。

（3）港区泥沙沉积特性分析。

（4）港区规划的潮流数学模型研究。

（5）港区输沙及回淤预报。

（6）从滩槽稳定性角度综合评价建港条件，推荐建港的优化方案。

（7）为保证港区的存在和发展，对相关水域岸线的开发提出建议。

　　针对上述研究内容，本报告采用河口动力地貌分析方法、二维潮流数学模型技术和河口泥沙回淤预报手段开展研究工作。通过对伶仃洋东岸交椅湾一带水域的动力、沉积和地貌条件的分析，论述拟建港区的水动力环境和泥沙运动特征，摸清滩槽演变的条件和发展趋势，提出港区规划所需要注意的问题和意见。数学模型所进行的工程潮流计算进一步论证各个方案潮流动力环境的优劣。回淤预报研究给出各个方案港池、航道的泥沙回淤结果。最后经过综合比较，推荐港区航道规划的优选方案，为设计部门提供港址比选及建港条件的科学依据。

1.2　伶仃洋概况

　　伶仃洋是珠江东部四个口门（虎门、蕉门、洪奇沥和横门）注入的河口湾。湾型呈喇叭状，南北长约 72 km，湾顶宽约 4 km（虎门口），湾口宽约 30 km（澳门至大濠岛之间）。河口湾总面积约为 2 000 km^2，内伶仃岛以北水域面积约 1 000 km^2。

　　伶仃洋的水下地形具有西部浅，东部深，水深由湾顶至湾口递增的特点。地貌呈"三滩两槽"的基本格局，三滩指西滩、中滩和东滩，两槽指西槽（伶仃洋水道）和东槽（矾石水道—暗士顿水道）（图 1-1）。

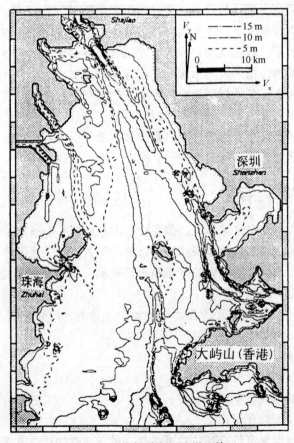

图 1-1　伶仃洋海区地形地貌

伶仃洋受南海潮波和珠江径流的共同影响，动力环境比较复杂。潮汐为不正规半日潮型，日潮不等现象显著，虽然潮差不大，但由于河口喇叭状辐聚形态和湾顶（虎门）上游巨大的纳潮容积，使得伶仃洋的潮流动力十分强劲。湾内潮流基本以往复流形式运动，涨潮流向偏于西北，落潮流向偏于东南。东槽涨潮势力较强，枯季尤为明显，西槽落潮动力占优，汛期更为突出。无论涨潮还是落潮，湾内纵向流速分布均呈由湾口向湾顶逐渐增大的特点。

由于伶仃洋东部径流影响弱，潮流作用强，因此矾石水道深槽主要为潮流动力所控制。位于湾顶东侧的交椅湾因其特定的地理位置和可观的纳潮容积，使矾石水道深槽在交椅沙头分成两汊，主槽循西侧与虎门口的川鼻深槽贯通，支汊−5 m 等深线向北延伸约 5 km 后消失，这种典型的涨潮沟长期保持着非常稳定的形态，表明这一带海域的动力地貌环境基本处于相互适应的平衡状况。深圳宝安区选择这一带水域规划综合港区，正是想充分利用该涨潮沟深槽近岸并且相对稳定的有利条件。问题是港区规划岸线实施后，潮流动力环境会发生什么变化，这些变化对港区的滩槽演变会带来什么影响，港池、航道开挖后泥沙回淤情况如何，这正是本报告需要进行研究的问题。

2　水文泥沙特性

宝安综合港区位于珠江口伶仃洋东侧的交椅湾下游，邻近矾石水道深槽（图2-1）。伶仃洋是一个喇叭形河口湾，径流口门多，纳潮容积大，滩槽交错分布，动力环境复杂。综合港区位于伶仃洋内，其水文泥沙特性对港区的影响是必须考虑的重要因素。

2.1　降雨量

珠江流域位于我国南部低纬度季风地区，降水丰沛，流域平均降水量为 1 000 ~ 2 200 mm，多年平均降雨量为 1 543.6 mm。本流域干湿季节变化明显，降雨主要为锋面雨（多发生在 4—7 月）、热雷雨和台风雨（多发生在 7—9 月），雨季降雨量占年降雨量的 80% 左右，降水量变化相对比较稳定，最大年降雨量一般只有最小年降雨量的 2 倍多。

2.2　上游来水来沙

珠江水系的水量十分丰富，进入河口区的多年平均流量为 9 542 m³/s，多年平均径流总量为 3 020×10⁸ m³。经虎门、蕉门、洪奇沥和横门注入伶仃洋的年总径流量为 1 670×10⁸ m³，占珠江年总径流量的 55.3%。尽管珠江属少沙河流，由于水量大，每年进入河口区的悬移质总输沙量达 3 664×10⁴ t，占珠江水系进入河口区悬移质总输沙量的 41.2%。与径流相比，珠江水系年输沙量的季节变化更为显著，汛期（4—9 月）多年平均输沙量占全年的 91.69% ~ 95.79%，沙峰与洪峰出现时间基本一致。

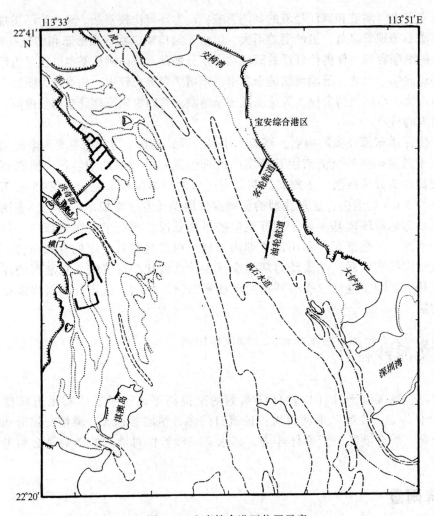

图 2-1　宝安综合港区位置示意

伶仃洋上边界四大口门水沙分配情况见表 2-1，伶仃洋中部的矾石浅滩把伶仃洋分为东、西两部分，西部受珠江三大口门来水来沙直接影响（三个口门年输沙总量为 2 669×10⁴ t）。伶仃洋东部主要接纳虎门来水来沙及蕉门部分来沙，而虎门径流量较大，占四大口门年径流总量的 34.6%，悬移质输沙量则较小，仅占四大口门年输沙总量的 27.2%（年输沙总量 995×10⁴ t）。蕉门通过凫州水道下泄的泥沙，仅在落潮转涨潮的一段时间内，部分泥沙向虎门内扩散，落潮时部分泥沙随落潮流向交椅湾方向下泄，但这部分泥沙数量不大。由此可见，综合港区所在的伶仃洋东部水域来水量占的比重比较大，而来沙量占的比重比较小。

表 2-1　伶仃洋上边界四大口门水、沙分配情况

项目	虎门	蕉门	洪奇沥	横门	合计
年径流量（$\times 10^8$ m³）	578	541	200	351	1 670
占四大口门 年径流总量的比重（%）	34.6	32.4	12.0	21.0	100
年输沙量（$\times 10^4$ t）	995	1 323	48.9	857	3 664
占四大口门 年输沙总量的比重（%）	27.2	36.1	13.3	23.4	100

2.3　潮汐

2.3.1　潮差和潮位

拟建宝安综合港区水域属伶仃洋一部分，潮汐特征和伶仃洋一样，同属不正规半日混合潮类型。潮波从外海传入河口，由于伶仃洋喇叭形边界，致使潮波能积聚，潮差从湾口向湾顶增大，东部自然水深较大，潮汐作用强，西部受诸河口水下地形及径流影响，潮势较弱，故东岸潮差大于西岸（表 2-2）。如表 2-2 所示，从年平均潮差来看，内伶仃洋下端深槽区内伶仃岛的潮差（1.34 m）与东岸赤湾潮差（1.37 m）相近，但明显大于西岸金星门的潮差（1.10 m）。湾顶上游深槽区大虎站年平均潮差（1.69 m）与东岸太平站的潮差（1.70 m）相近；但湾顶下游不远处舢舨洲的潮差（1.64 m）明显大于西侧蕉门的潮差（1.34 m）。由此可见，伶仃洋深槽区与东岸之间潮差变化较小，而深槽区至西岸的潮差衰减比较快。就潮时而言，据广东省航运规划设计院分析，港域比赤湾迟 50 min，而实测资料表明，舢舨洲潮时比下游赤湾迟 40～100 min。与赤湾相比，舢舨洲的潮时跟港域潮时较为接近。上述分析表明，伶仃洋东岸宝安综合港区与深槽区舢舨洲位置大致相对应，其潮汐要素可用舢舨洲的相应值来表述，它的主要潮汐参数如下：

——最高高潮位，2.10 m；

——平均高潮位，0.51 m；

——平均低潮位，−1.07 m；

——最低低潮位，−2.00 m；

——年平均潮位，1.58 m；

——最大涨潮差，2.86 m；

——最大落潮差，3.36 m。

表 2-2　伶仃洋内潮差变化

项目	西岸			深槽区			东岸	
	金星门	横门	蕉门	内伶仃岛	舢舨洲	大虎	赤湾	太平
年平均潮差（m）	1.10	1.08	1.34	1.34	1.64	1.69	1.37	1.70

　　舢舨洲的潮位过程表明，一天内有两次高潮和两次低潮，两次高潮位和低潮位相差比较大，高高潮和低高潮通常相差 0.5~1.0 m，低低潮要比高低潮低 1 m 左右。

2.3.2　潮时

　　舢舨洲位于伶仃洋顶端附近，潮波已经变形，受珠江径流下泄的影响，潮波波形不对称，涨潮历时 5~6 h，落潮历时 5~8 h，表 2-3 为内伶仃洋各站涨、落潮历时统计表。表中显示，除个别情况外，涨潮历时均较落潮历时为短，因此潮位上升比降落快，亦即涨潮过程线陡，落潮过程线缓。

表 2-3　内伶仃洋各站潮时统计表

站名	低高潮				高高潮				全潮	
	涨潮历时		涨潮历时		涨潮历时		涨潮历时		洪季	枯季
	洪季	枯季	洪季	枯季	洪季	枯季	洪季	枯季		
大虎	5 h 5 min	5 h 58 min	6 h 7 min	5 h 25 min	5 h 5 min	5 h 28 min	8 h 35 min	8 h 2 min	24 h 42 min	24 h 53 min
舢舨洲	5 h 23 min	6 h 8 min	5 h 56 min	5 h 12 min	5 h 9 min	5 h 36 min	8 h 12 min	8 h 1 min	24 h 40 min	24 h 57 min
内伶仃岛	6 h 11 min	6 h 37 min	5 h 16 min	4 h 39 min	5 h 47 min	6 h 11 min	7 h 23 min	7 h 23 min	24 h 38 min	24 h 50 min

2.4　潮流

　　综合港区的潮流与伶仃洋的潮流一样，属于不正规半日混合潮流的类型，即一个太阴日里潮流有两次涨落。受伶仃洋边界的影响，本区潮流属于往复流性质，涨潮流方向为 300°~360°，落潮流方向为 100°~170°。伶仃洋内主槽流速较大，偏离主槽则流速较小。图 2-2 为 A、B、C 三站（具体位置见图 2-4）实测流速过程线，B 站水深最大，流速亦最大；C 站水深最小，流速亦最小；A 站水深在 B、C 站之间，流速则大于 C 站，小于 B 站。由此可见，在综合港区水域内，流速与测点水深关系较密切，近岸线处流速比较小，水深增大后，流速亦加大。表 2-4 和表 2-5 分别为综合港区水域实测最大和平均流速、流向表。两表显示，B 站的最大落潮流速为 1.29 m/s，最大涨潮流速为 1.19 m/s，而 C 站分别仅为 0.70 m/s 和 0.80 m/s；B 站和 C 站平均流速变化与最大流速相似，也是 B 站流速比 C 站大，其中落潮流速比 C 站大近 1 倍。两表还表明，A、B 两站落潮流速大于涨潮流速，C 站则涨潮流速大于落潮流速。

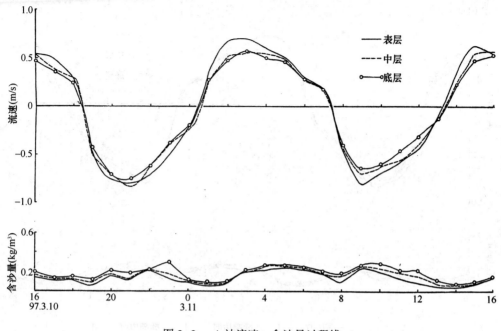

图 2-2a　A 站流速、含沙量过程线

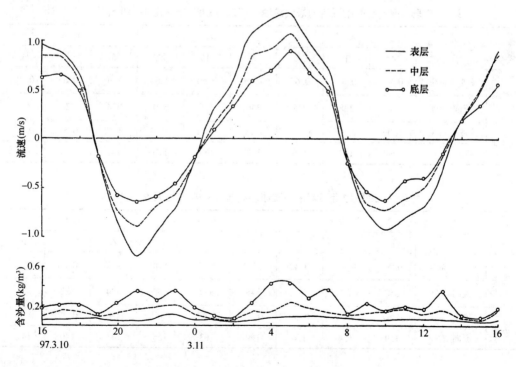

图 2-2b　B 站流速、含沙量过程线

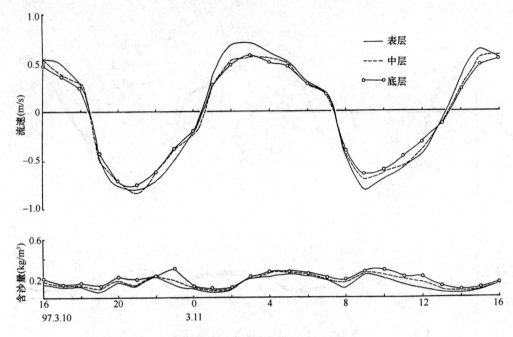

图 2-2c　C 站流速、含沙量过程线

表 2-4　港区附近实测最大流速、流向（1997 年 3 月 9—10 日）

项目		A 站			B 站			C 站		
		表	中	底	表	中	底	表	中	底
涨潮	流速（m/s）	0.84	0.77	0.66	1.19	0.90	0.64	0.80	0.84	0.75
	流向（°）	0	338	338	346	334	350	324	326	328
落潮	流速（m/s）	1.09	0.87	0.84	1.29	1.08	0.90	0.70	0.57	0.57
	流向（°）	164	162	156	172	166	170	142	138	134

表 2-5　港区附近实测平均流速、流向（1997 年 3 月 9—10 日）

项目		A 站			B 站			C 站		
		表	中	底	表	中	底	表	中	底
涨潮	流速（m/s）	0.52	0.42	0.42	0.63	0.51	0.40	0.58	0.55	0.50
	流向（°）	350	346	345	348	333	335	324	322	323
落潮	流速（m/s）	0.67	0.61	0.50	0.77	0.67	0.51	0.43	0.37	0.35
	流向（°）	159	154	154	160	163	165	141	140	141

　　图 2-3 和图 2-4 分别为洪水期和枯水期最大流速矢量图。上述两图显示，除靠近浅滩的个别测点外，其余测点涨潮、落潮流向大致与等深线平行，受涨潮时交椅湾大面积容蓄水影响，A 站涨潮流向指向交椅湾，与落潮流向不是 180°之差，涨潮流向与规划的码头前沿线有一定的夹角，而落潮流向与该码头前沿线方向较为一致。

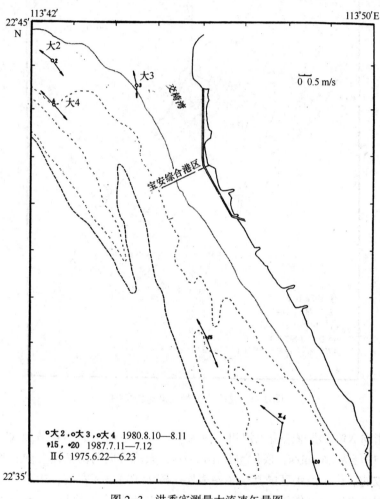

图 2-3　洪季实测最大流速矢量图

2.5　余流

　　余流是实测海流中消除周期性潮流后剩下来的非周期部分。在河口地区，余流的主要成分是河川径流。由于伶仃洋面积达 2 000 km²，并处于盐淡水交汇区，风海流和密度流也会叠加在河川径流之上，使伶仃洋余流分布变化较为复杂。综合港区附近的余流分布也反映了这种复杂性。

　　图 2-5 和图 2-6 分别为综合港区附近洪、枯季余流分布图，表 2-6 为 A、B、C 三站余流统计表。上述成果表明，丰水期综合港区附近水域余流多数指向 S、SE 和 SW，

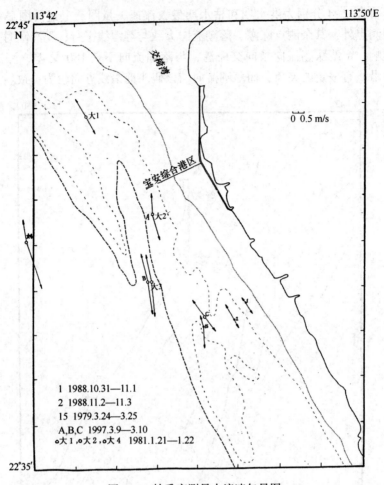

图 2-4　枯季实测最大流速矢量图

只有大 3 站指向 NW。洪季余流以河川径流为主，位于主槽中的小 4 站最大，表层余流达 37 cm/s，中层为 26 cm/s，底层也达 18 cm/s，余流方向与落潮流方向一致，亦即余流是径流造成的。位于浅水区的其余各站表层余流为 10 cm/s 左右，中、底层余流更小一些，这表明浅水区径流作用明显减弱。枯水期表层余流方向仍以 S、SE 和 SW 为主，只有大 1 站，小 1 站和 C 站余流方向为 N 和 NE。枯季由于受盐淡水混合等因素的影响，中、底层余流方向变化较为复杂，几乎在同一位置的大 3 站和小 3 站余流方向近乎相反，大 3 站中、底层余流方向为 SW，而小 3 站为 NW。总之，本水域除西侧深槽区受径流影响，余流强度稍大外，综合港区码头附近余流值均在 10 cm/s 左右。

表 2-6　港区附近余流统计

项目	A 站			B 站			C 站		
	表	中	底	表	中	底	表	中	底
余流流速（cm/s）	16	12	10	11	11	8	2	3	2
流向（°）	144	135	134	138	186	188	8	339	339

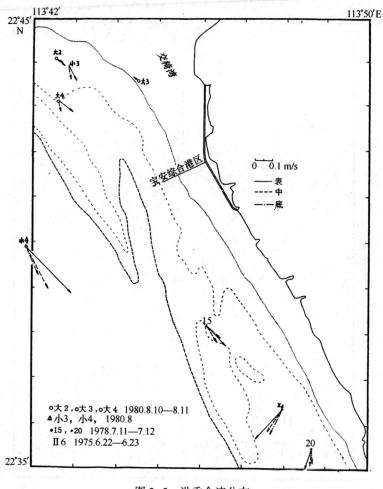

图 2-5　洪季余流分布

2.6　悬移质含沙量

表 2-7 为 1997 年 3 月 9 日至 3 月 10 日测量的 A、B、C 三站含沙量成果表，其变化特征如下。

（1）总体来看，综合港区附近含沙量比较小，三站的垂线平均含沙量均在 0.13～0.18 kg/m 之间。其中，B 站垂线平均含沙量最小，且涨潮含沙量小于落潮含沙量；A、C 两站含沙量比较接近，但涨潮含沙量大于落潮含沙量。涨潮期间最大垂线平均含沙量出现在 A 站，其值为 0.173 9 kg/m³；落潮期间最大垂线平均含沙量出现在 C 站，其值为 0.151 4 kg/m³。

（2）从垂线分布来看，底层含沙量大于中层，中层含沙量大于表层。A、B、C 三站相比较，水深最大的 B 站表、中层含沙量最小，但底层含沙量最大；水深最浅的 C 站表层含沙量最大，底层含沙量是三站中最小的；A 站各层含沙量一般在 B、C 站

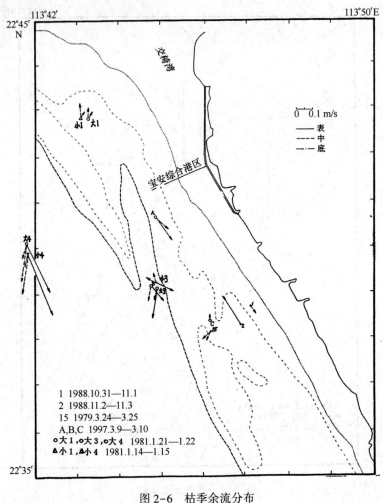

图 2-6　枯季余流分布

之间。

（3）由于拟建港区水域仅有一次水文测验资料，为探讨含沙量的季节和潮汛变化规律，本文借用邻近港区上游端的交椅湾的含沙量资料（表 2-8），其站位见图 2-3 和图 2-4。就潮汛变化来看，大潮含沙量小，但大、小潮之间垂线平均含沙量变化幅度不大。就季节变化而言，枯季含沙量明显大于洪季，一般可增加 1 倍左右。

2.7　风及波浪状况

根据赤湾站两年波浪实测资料统计分析（表 2-9 和表 2-10），测区附近风和波浪有如下特点。

（1）本区常风向为 E 和 SE，其次是 N 和 NE。冬季多偏北风，夏季多东和东南风。强风向为 SSW—NNW 风，最大同步风速为 30 m/s。历年最大瞬时风速超过 40 m/s，风向为 NE，出现于 1983 年 9 月 9 日。历年定时平均风速为 4.0 m/s，最大平均风速为

4.7 m/s（1987 年），最小平均风速为 3.4 m/s（1980 年）。

表 2-7　A、B、C 三站含沙量　（单位：kg/m³）

层次		涨潮			落潮		
		最大	最小	平均	最大	最小	平均
A	表	0.162 0	0.057 5	0.110 7	0.200 4	0.055 1	0.110 6
	中	0.274 8	0.089 1	0.180 6	0.184 3	0.064 4	0.144 7
	底	0.302 9	0.095 8	0.235 9	0.456 6	0.073 0	0.184 0
	垂线平均	0.261 2	0.094 6	0.173 9	0.298 1	0.073 0	0.143 2
B	表	0.111 1	0.044 9	0.064 4	0.095 7	0.042 5	0.066 3
	中	0.205 1	0.085 6	0.147 5	0.236 6	0.061 5	0.134 9
	底	0.356 9	0.117 0	0.232 6	0.440 9	0.085 6	0.261 3
	垂线平均	0.207 1	0.090 5	0.133 5	0.236 6	0.056 6	0.141 2
C	表	0.225 7	0.043 6	0.142 3	0.243 4	0.045 7	0.139 2
	中	0.249 9	0.066 6	0.170 5	0.251 8	0.064 2	0.151 2
	底	0.296 6	0.102 1	0.208 1	0.255 1	0.071 2	0.166 3
	垂线平均	0.243 7	0.076 6	0.172 2	0.249 9	0.058 3	0.151 4

表 2-8　交椅湾各测站含沙量特征值对照　（单位：kg/m³）

潮期			1 号	2 号	3 号	4 号
洪季	小潮	最大值	0.196	0.201	0.184	0.275
		最小值	0.047	0.019	0.056	0.038
		垂线平均	0.097	0.097	0.101	0.105
	中潮	最大值	0.195	0.156	0.190	
		最小值	0.022	0.047	0.072	
		垂线平均	0.104	0.097	0.120	
	大潮	最大值	0.278	0.246	0.517	0.224
		最小值	0.058	0.052	0.028	0.039
		垂线平均	0.126	0.123	0.218	0.117
枯季	小潮	最大值	0.495	0.355	0.370	0.290
		最小值	0.130	0.073	0.125	0.085
		垂线平均	0.214	0.155	0.198	0.172
	大潮	最大值	0.540	0.443	0.465	0.450
		最小值	0.058	0.101	0.145	0.047
		垂线平均	0.225	0.220	0.205	0.214

表 2-9　赤湾站风及浪分向统计（1982 年 1 月至 1983 年 12 月）

项目	N	NNE	NE	ENE	E	ESE	SE	SSE	S	SSW	SW	WSW	W	WNW	NW	NNW	C
风的频率（%）	8	4	9	5	12	3	15	3	3	3	6	1	7	4	7	5	4
平均风速（m/s）	3.4	3.1	3.4	4.4	3.4	4.3	3.8	4.9	4.5	5	3	4.7	2.7	5	4.1	3.8	
最大风速（m/s）	12	10	12	15	30	11	13	13	9	20	22	12	10	15	13	13	
风浪频率（%）	1.0	0.3	0.7	0.5	3.0	3.3	6.0	7.9	5.9	5.5	3.7	2.5	3.2	2.9	3.5	0.6	
平均波高（m）	0.2	0.2	0.2	0.2	0.2	0.2	0.2	0.2	0.2	0.2	0.2	0.2	0.2	0.2	0.2	0.2	
最大波高（m）	0.3	0.3	0.3	0.3	0.4	0.6	0.6	0.6	0.7	1.0	0.7	0.5	0.7	0.5	0.4	0.3	
平均周期（s）	3.4	3.1	3.2	3.1	3.2	3.0	3.0	3.1	3.1	3.1	3.2	3.1	3.0	3.1	3.1	3.0	

资料来源：伶仃洋动力环境和航道选线研究，中山大学。

表 2-10　赤湾站风及波浪特征值统计（1982—1983 年）

项目	1 月	2 月	3 月	4 月	5 月	6 月	7 月	8 月	9 月	10 月	11 月	12 月	全年
常风向	NE	E	SE	E	SE	SE	SE	E	SE	E	E	N	SE
频率（%）	29	23	29	33	39	26	33	33	39	30	34	20	39
最大风速（m/s）	13	15	15	13	9	10	12	12	30	12	13	11	30
对应风向	NW	WNW	ENE	SSE、E	S、SSW	NE	WNW、SW	WSW	E	NE、SE	NW	NW	E
最多风浪向	SSE	SSE	SSE	SE	SSW	S	SSW	WSW	SSE	E	E、NW	NW、NNW	S
频率（%）	17	21	21	25	27	28	22	12	15	16	6	7	28
最大浪高（m）	0.7	0.3	0.4	0.6	0.6	1.0	0.6	0.5	0.7	0.4	0.3	0.4	1.0
对应浪向	W			SSW	SSW		SSW						S

资料来源：伶仃洋动力环境和航道选线研究，中山大学。

（2）本区夏季经常遭受台风侵袭，据 1971—1980 年资料统计，10 年内对本区有影响的台风共 29 次，平均每年 3 次。台风作用下，北向最大风速达 40 m/s 以上，东风和西风最大风速均为 27 m/s，东南风为 30 m/s，西南风为 25 m/s。

（3）本区以风浪为主，涌浪少见，无浪日较多，风浪尺度较小。年平均波高为 0.2 m，两年内最大波高为 1.0 m，大于 0.5 m 波高频率仅占 1.03%（代表无风年份）。如果考虑台风影响，每年有 15 d 出现大于 0.5 m 的波高。

2.8　盐度

综合港区位于珠江河口段伶仃洋顶端附近，盐淡水在此交汇，盐度变化非常复杂，其变化特征如下。

（1）珠江枯水季节，上游径流量比较小，测区基本上为盐水所控制，垂线平均盐度高达 15 左右，如表 2-11 中 1997 年 3 月 9—10 日 A、B、C 三站的盐度测量值。浅水区的 A 站和 C 站相比较，位于上游的 A 站盐度小于下游的 C 站。深水区 B 站的盐度明显小于下游浅滩区的 C 站，与上游浅滩区的 A 站盐度相近，由此可见浅滩的盐度大于深槽盐度，这反映了径流主要是从深槽下泄的事实。

（2）丰水期综合港区附近几乎完全为淡水所控制，本测区盐度的季节变化特别显著。

（3）盐度在垂线上分布总是表层小于底层。水深大的测站，表、底层含盐度差值亦大。

（4）各层盐度随时间变化有明显的潮汐周期，一般涨憩或涨憩后一小时盐度最大，落憩或落憩后一小时盐度最小。

表 2-11　A、B、C 三站盐度成果表

站位		涨潮			落潮		
		最大	最小	平均	最大	最小	平均
A	表	15.745 9	12.093 6	14.032 4	15.416 0	11.987 1	13.839 1
	中	15.902 4	12.323 3	14.204 6	15.872 9	12.083 7	14.060 9
	底	15.955 5	12.365 4	14.234 0	16.420 4	12.113 4	14.195 2
	垂线平均	15.867 9	12.260 8	14.073 7	15.903 0	12.061 4	14.031 7
B	表	16.602 3	11.322 7	13.826 5	16.552 8	11.941 0	14.251 3
	中	16.745 1	11.941 4	14.398 6	16.840 7	12.352 1	14.759 2
	底	16.659 3	12.634 0	14.515 7	16.980 8	13.017 9	14.932 2
	垂线平均	16.660 3	11.971 9	14.242 8	16.769 2	12.427 4	14.631 7
C	表	17.910 4	13.628 6	15.894 0	17.536 8	13.824 3	15.354 3
	中	18.202 6	13.597 5	15.949 3	18.047 3	13.809 6	15.488 2
	底	18.184 9	13.584 0	15.918 6	18.098 5	13.853 4	15.525 9
	垂线平均	18.099 3	13.603 4	15.920 6	17.894 1	13.829 1	15.456 1

综上所述，拟建港区属于不正规半日混合潮流的类型，流速和水深关系密切，水深大，流速大，水深小，流速小。水深大的区域以落潮流为主，边滩上涨潮流速大于落潮流速。本区域含沙量比较小，就垂线平均含沙量而言，水深小的浅滩区大于深水区，反映出浅滩区风浪掀沙等因素的影响。由此可见，拟建码头前沿自然水深大，含沙量小，码头建成后维护疏浚量小，这是规划设计码头时值得考虑的一个因素。

3　地貌环境和沉积特性

3.1　港域的地貌环境

3.1.1　港区的地理位置

宝安综合港区位于伶仃洋东滩上段，上接交椅湾，该湾内建有沙角电厂等重要设施，下游有黄田机场油码头和客运码头。拟建港域背靠东滩，面临矾石水道上段的涨潮沟，是伶仃洋不可分割的组成部分。

3.1.2　水下地形地貌

伶仃洋是一个喇叭状的河口湾，水下地形由"三滩两槽"组成，自西向东为西滩、伶仃水道、中滩（拦江沙和矾石浅滩）、矾石水道和东滩。拟建港域所在的东滩上段位于矾石水道过渡段，岸线从下游的 NNW—SSE 走向逐渐向上游的 NNS 走向过渡。该段枯季为盐水所控制，洪季随径流和潮流势力的消长，盐水楔在此区域内变动。该区域水深较浅，滩地平缓。0 m 线内滩地宽约 1 300 m，−2 m 等深线距岸 2 km 余，涨潮沟（交椅湾深槽）的 −5 m 等深线距岸约 3 km。在伶仃洋上段湾顶附近，上述"三滩两槽"的形态已逐渐改变。伶仃和矾石两水道汇合成龙穴水道，中滩（拦江沙）逐渐消失。龙穴水道上连水深超过 10 m 的川鼻水道，指向 SSE 方向，其性质为落潮冲刷槽。而上述矾石水道上端，是 −5 m 深的涨潮沟，沿 NNW 方向，伸入交椅湾，此槽属涨潮冲刷槽。在两条性质不同的冲刷槽之间，有一方向相反的涨落潮动力消能带，即现在的交椅沙。

两深槽之间的交椅沙为 NNW—SSE 向的水下沙脊，长约 8 km，最宽处约 1.5 km，沙脊顶部高程为理论深度基面 0 m，相当于珠江基面高程 −1.9 m，低低潮时不露出水面。交椅沙恰似交椅湾西部边界，它将交椅湾与伶仃洋主体分隔开，使该湾成为一个相对独立的单元。交椅湾 −2 m 等深线内面积约占交椅湾 2/3，而 0 m 等深线内面积约占交椅湾的 2/5。

3.2　港区附近的滩槽演变

深圳宝安综合港区位于珠江口伶仃洋东部范围内，港区的前沿是一涨潮沟，再往西就是交椅沙、矾石水道，东部浅滩和矾石水道的演变直接关系到该港区水下地形的稳定。

3.2.1　东部浅滩的演变

伶仃洋东滩由交椅湾、大铲湾以及鹅髻山至西乡之间的 −5 m 水深以内浅滩组成，呈 NW—SE 带状排列，长约 35 km，宽度不等，顶端交椅湾 3~4 km，南部西乡固戍一带宽 1~2 km，总面积约 9.69 km²。东部浅滩的形成因素很复杂，潮流和人为因素对其均有影响，但滩面变化较为缓慢，据历史海图对比，0 m 等深线包围的面积 1907 年为 58.6 km²，1974 年为 64.6 km²，年平均递增 0.09 km²，将 1989 年的海图资料与以前的资料套绘在一起（图 3-1），可以看出交椅湾的 0 m 等深线在 1974—1989 年的 15 年间仍在向西移动，由于所得资料有限，仅能说明近年来该区域是逐年淤积的，但强度不大。东滩中部 0 m 等深线变化不大。

从图 3-1 还可以看出，−5 m 等深线的平面变化，总的说来是比较平缓的。据徐君亮等的研究成果，伶仃洋"在 1883 年到 1974 年的 90 年间，一般水域的 −5 m 等深线向海外延伸的距离约 1 km，平均每年推进约 10 m，−5 m 等深线历年来变化较为明显的只

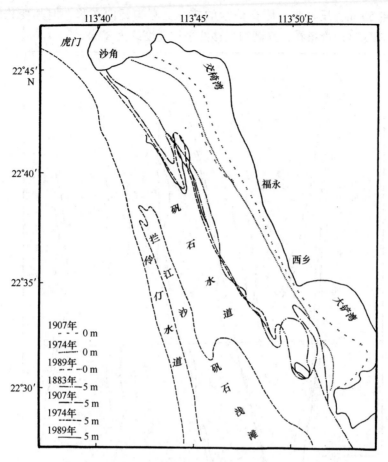

图 3-1　伶仃洋东滩历年等深线对比

（资料来源：徐君亮等，珠江口伶仃洋滩槽发育演变）

有北部交椅湾和南部大、小铲岛附近"。比较 1989 年、1997 年的海图资料，−5 m 等深线的变化趋势依然如此（图 3-2）。交椅沙东侧的涨潮沟从 1883 年至 1907 年的历史海图上就已存在，沿 NNW 方向伸入交椅湾。到 1997 年，潮沟长约 6 km，宽 800 m 左右。自 1907 年到 1997 年的 90 年间，潮沟的宽、深变化不大，仅是平面位置略有东移，交椅沙头向南延伸。

　　由于港区就处在该潮沟附近，并要利用它的天然水深，该潮沟的发展演变就显得非常重要。由于涨潮流的作用，泥沙通过涨潮沟被带入交椅湾，因该湾平坦开阔，水深较浅，潮流较弱，部分泥沙容易沉积下来；落潮时，又由于回流的作用，上游的部分泥沙也在此沉积，均因含沙量不大，淤积量有限。在深槽（龙穴水道）与涨潮沟之间，由于能量消减，部分泥沙在此沉积，形成条带状沙脊，即现在的交椅沙。经过近百年的时间，交椅湾的自然淤积逐年增加（从 0 m 线西移可以看出），交椅沙的淤积也相应增大。由于交椅沙的西侧就是龙穴水道，潮流动力较强，交椅沙西移受到制约，因其不能西移，由涨潮流带入的泥沙及落潮期由上游带入的泥沙使得交椅沙向南伸展。从图 3-2

看每年约延伸 50 m，反过来，因交椅沙的挤压，潮沟便向东移，但其变化缓慢，从 C—C 断面（图 3-3）资料看，涨潮沟东移的平均速度约为 8 m/a。

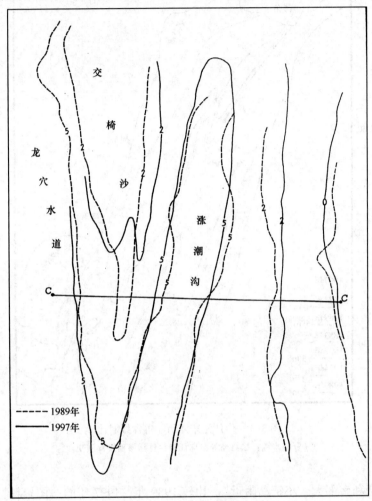

图 3-2　港城附近等深线对比

3.2.2　矾石水道（东槽）的演变

矾石水道是 20 世纪 50 年代原黄埔港的出海水道，目前该水道较为稳定，自然水深一般保持在 7~10 m，历史资料分析表明，近一个世纪以前，伶仃洋东槽位置与现今大致相似。据徐君亮等的研究成果，东槽上淤下冲，淤积面有所扩展，但淤积速率不大，平均为 1.4 cm/a。

3.3　今后发展趋势

从以上的分析可知，港区水下地形的稳定与否同矾石水道、交椅沙和涨潮沟的稳定密切相关。就目前的情况而言，矾石水道是比较稳定的，交椅沙和涨潮沟的稳定取决于

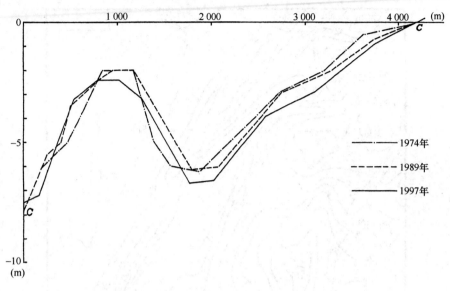

图 3-3　C—C 断面变化

交椅湾的纳潮量变化，如顺其自然，交椅湾和涨潮沟在相当长时间内是不会有大的变化的，若交椅湾内人为影响增大，如大规模围垦交椅湾使其涨潮量明显减小，那么交椅沙和涨潮沟的稳定就难以保证，须请有关部门注意。

3.4　沉积物的特征

沉积物的特征主要是指沉积物的颗粒大小、磨圆度、分选性，矿物组成和海洋微生物等。河床表层沉积物的特征与河口演变有直接关系，而影响河口发育的因素很多，可归纳为以原始的地质地貌因素为主的边界条件和以水文泥沙为主的外部条件，即包括河口物理、化学、地质、地理和人类活动等，河口便是在内、外因的共同作用下造成的自然实体。这些因素在河口不同的位置上作用的程度不同，使得河口地区不同位置上的沉积物特性有所差别。下面就伶仃洋的表层沉积物分布情况来讨论宝安综合港区滩槽附近沉积物的情况。

3.4.1　矿物质的分布

伶仃洋的碎屑沉积物中，据 61 个样品的计算，重矿物的含量占 1.154%，轻矿物为94.57%，其余为有机质成分。由于水动力条件和滩槽地形的差异，各区重矿物的百分含量有所不同，具有滩高槽低、西高东低的特点。按重矿物在沉积物中的百分比含量，有四个高值（大于 2%）含量带和两个低值（小于 0.5%）含量带（图 3-4），伶仃洋内重矿物成分百分含量见表 3-1，从表可知，重矿物中以钛铁矿、褐铁矿、磁铁矿、锆石为主要成分（85.55%）。东边的角闪石、黄铁矿、绿泥石的含量显著高于西边，而褐铁矿、磁铁矿含量则相反，显著低于西边。

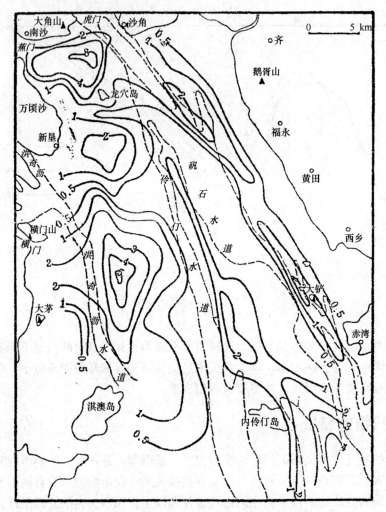

图 3-4 伶仃洋表层沉积物重矿物百分含量等值线

表 3-1 伶仃洋重矿物含量

重矿物	钛铁矿	褐铁矿	磁铁矿	锆石	黄铁矿	角闪石	白钛石	电气石	绿帘石	锐钛矿	金红石	其他
占比（%）	31.28	21.41	20.38	12.48	4.07	2.13	1.41	1.39	0.70	0.50	0.44	3.8

由图 3-4 可以看出：在拟建的深圳宝安综合港区滩槽附近，从岸边向深槽方向重矿物含量的分布表现为由低转高再转低的趋势，即边滩较低，向外缘沙脊增高，并在东滩外缘沙脊处达到最大，然后由沙脊向深槽渐小，东槽为低含量带。港区范围内的主要矿物含量占重矿物总量的百分比分别为：钛铁矿为 15%~30%，褐铁矿约 20% 以内，磁铁矿约 15% 以内，锆石 20% 以上，金红石为 0.25%~0.5%，锐钛矿为 0.25%~0.75%，黄铁矿在港区附近有一个高含量点，其在港区的含量也较高，为 6%~20%。海绿石为

海洋特征矿物，其所及之处，可以指示海域来沙的影响范围，伶仃洋海绿石平均含量占轻矿物总量的 0.67%，大于 1% 的高含量带只出现于东槽东侧的沙脊，本港区的前缘部分在其范围内，它反映了这一地带的淤积与海域来沙密切相关。

3.4.2 沉积物的粒径特征

珠江河口区域的泥沙主要来自本流域的供沙，海岸侵蚀下来的泥沙与陆架来沙很少，而不同口门的来水来沙情况相差较大，见表 2-1，由于各口门所处的地理位置不同，造成伶仃洋内各区域的沉积物的粒径大小也有所差别（图 3-5），但由于此海域内主要以悬移质淤积为主，故粉砂质淤泥类占主导，分布最广，是伶仃洋底质的主体。其他沉积物尚有砂、泥质砂、淤泥等。沉积物分布情况较复杂，呈斑块状。

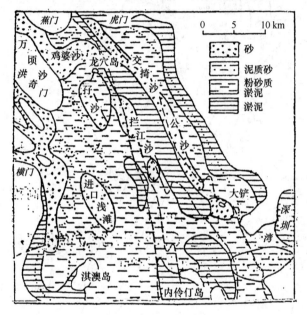

图 3-5 伶仃洋底质类型

由图 3-5 可以看出：在东滩（小于-5 m 等深线的浅滩）外缘沿东槽发育一条纵向沙脊，从沙角向东南断续分布至细丫岛，包括川鼻沙、交椅沙、公沙和横沙等，其中本港区位于交椅沙和横沙之间的-5 m 倒套处。东滩粒径分布由岸边向深槽增粗，沿岸潮间带为细颗粒淤泥，外缘是砂质带，之间过渡为粉矿质淤泥。这说明其物质来源和沉积作用与东岸沙井河等小河没有多大的关系。

3.4.3 港区附近沉积物的特征

以上对伶仃洋总体所进行的分析，可以使我们对伶仃洋整个水域范围内的沉积物特征有个全局的认识。但具体到所研究的深圳宝安综合港区这一局部区域来说，还需要做细部的研究，为此，我们对港区附近 40 个表层底质泥沙样本进行分析（取样点见图 3-6，资料分析结果见表 3-2）。

中值粒径可以反映沉积物粒度分布的趋势，根据港区范围内各泥沙样本点的中值粒

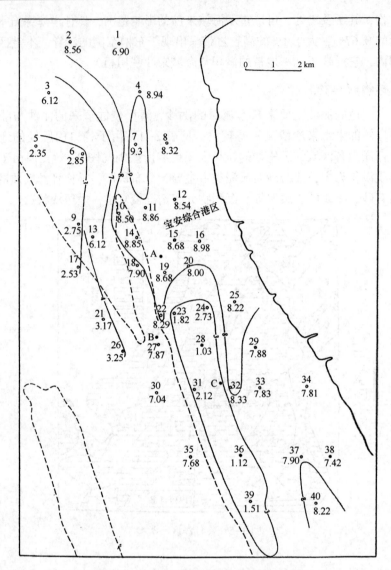

图 3-6　宝安综合港区沉积物中值粒径分布

径所作的中值粒径分布图（图 3-6），可以看出：槽边沙脊的表层沉积物以砂质为主，其中在矾石水道的槽边沙脊处（取样点为 23 号、24 号、28 号、31 号、36 号、39 号），中值粒径为 0.49~0.15 mm；在龙穴水道的槽边沙脊处，亦即在交椅沙的中上段（5 号、9 号样本点）和下段的滩槽交界处（17 号、21 号、26 号样本点），其中值粒径为 0.2~0.11 mm；其他区域的粒径均较细，除少数样本点（1 号，3 号，13 号）的泥沙粒径在 0.014 mm（6.12Φ）外，大多都小于 0.006 mm（即小于 7.42Φ），与伶仃洋悬移质平均中值粒径（8Φ）非常相近。这说明港区附近处于淤积之中，以悬移质淤积为主，在槽边沙脊处，表面泥沙较粗的主要原因有两方面：一方面是处于径流下泄的主流附近，水动力较强，加之地形较周围地形要高，滩面流速较大，细颗粒泥沙（悬移质）

不能淤积，大部分均被水流冲走，沉积下来的是较粗颗粒的物质，从而表现为表面中值粒径较粗的现象；另一方面是由于沙脊两端首当潮汐往复流的冲刷，细颗粒不易滞积，而残留下粗颗粒。

以上分析的中值粒径在港区附近的变化情况，在底质类型图上（图 3-7）也可以得到反映，从图 3-7 可以进一步看出，在滩内的表层淤积物以粉砂质黏土占绝大部分，黏土质粉砂占小部分，在槽边沙脊处则以中、细砂为主要成分，这一沙脊被 -5 m 的倒套分为两部分，这两部分的成分也略有差别，在倒套上端的交椅沙处，主要以细砂为主，含有部分粗砂，在倒套下端的沙脊处则以粗砂为主，含有部分细砂（表 3-2）。而在沙脊靠矾石水道的一侧，表层底质则以黏土质粉砂为主。

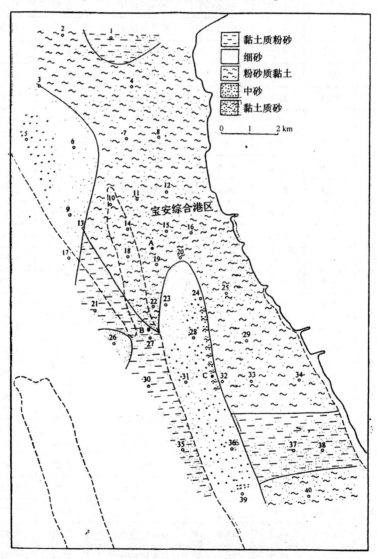

图 3-7　宝安综合港区沉积物底质类型

表 3-2 宝安综合港区沉积物粒度分析

站号	粒组含量（%）				名称	粒度系数		
	砾	砂	粉砂	黏土		Md_ϕ	QD_ϕ	SK_ϕ
1	0	2.1	62.1	35.8	黏土质粉砂	6.90	2.48	0.68
2	0	0.3	43.7	56.0	粉砂质黏土	8.56	2.10	0.71
3	0	43.6	22.9	33.5	粉砂-黏土-砂	6.12	3.16	0.60
4	0	0.4	39.1	60.5	粉砂质黏土	8.94	2.02	0.69
5	0	97.6	0	0	中细砂	2.35	0.42	-0.16
6	0.2	71.5	11.7	16.6	细砂	2.85	1.48	1.00
7	0	2.7	35.1	62.2	粉砂质黏土	9.3	1.39	-0.35
8	0	6.2	40.2	53.6	粉砂质黏土	8.32	1.95	0.19
9	0	97.8	0	0	细砂	2.75	0.07	-0.01
10	0.2	19.8	21.1	58.9	粉砂质黏土	8.50	3.00	-0.16
11	0	1.5	27.1	71.4	粉砂质黏土	8.86	1.87	0.88
12	0	5.2	35.5	29.3	粉砂质黏土	8.54	2.11	-0.01
13	0	35.9	23.2	40.9	粉砂-砂-黏土	6.12	3.20	0.68
14	0	8.9	22.1	69.0	粉砂质黏土	8.85	1.33	-0.06
15	0	5.4	26.4	68.2	粉砂质黏土	8.68	1.26	0.08
16	0	2.0	29.9	68.1	粉砂质黏土	8.98	1.96	0.69
17	3.2	73.1	0	0	细砂	2.53	0.81	0.08
18	0	4.0	47.9	48.1	粉砂质黏土	7.90	1.79	0.03
19	0	7.9	30.8	61.3	粉砂质黏土	8.68	2.00	-0.06
20	0.1	20.4	20.7	50.8	砂-粉砂-黏土	8.00	2.14	0.39
21	0	59.4	11.0	29.6	黏土质粉砂	3.17	2.94	2.39
22	0	4.8	41.8	53.4	粉砂质黏土	8.29	1.50	0.01
3	19.2	54.7	0	0	细砂	1.82	2.23	0.24
24	3.4	59.1	15.8	21.7	黏土质砂	2.73	2.87	1.38
25	0	9.7	36.4	53.9	粉砂质黏土	8.22	1.84	0.02
26	0.7	64.2	15.4	19.7	细砂	3.25	1.88	1.31
27	0	2.4	50.4	47.2	黏土质粉砂	7.87	1.12	-0.17
28	15.2	68.4	0	0	中砂	1.03	1.37	0.06
29	0	8.0	44.1	47.9	粉砂质黏土	7.88	1.52	-0.41
30	0	6.2	62.5	31.3	黏土质粉砂	7.04	1.24	0.27
31	7.0	64.2	17.1	11.7	中细砂	2.12	2.08	0.66

站号	粒组含量（%）				名称	粒度系数		
	砾	砂	粉砂	黏土		Md_ϕ	QD_ϕ	SK_ϕ
32	0	9.2	34.6	56.2	粉砂质黏土	8.33	2.09	0.48
33	0	11.0	41.9	47.1	粉砂质黏土	7.83	2.35	-0.06
34	0	13.4	38.1	48.5	粉砂质黏土	7.81	2.10	0.36
35	0	7.6	50.1	42.3	黏土质粉砂	7.68	1.34	0.03
36	10.2	87.7	0	0	中砂	1.12	0.99	-0.09
37	0	5.2	47.8	47.0	黏土质粉砂	7.90	1.70	-0.05
38	0	8.5	54.6	36.9	黏土质粉砂	7.42	2.40	0.63
39	0	3.4	93.2	0	中砂	1.51	0.73	-0.12
40	0	6.6	40.2	53.2	粉砂质黏土	8.22	1.99	-0.41
A	0	4.3	49.1	46.6	黏土质粉砂	7.77	1.70	0.57
B	0	1.5	52.9	45.6	黏土质粉砂	7.80	1.74	0.59
C	8.5	51.3	18.6	21.6	黏土质砂	2.25	3.44	1.64

资料来源：广东省航运规划设计院，深圳宝安综合港区预可研阶段水文测验成果报告（表 8）。

　　由实测资料得出的分选度 QD_ϕ 的等值线变化情况见图 3-8，由图可知，本港区除交椅沙中上部（5 号、9 号、17 号样本点）及倒套下游的沙脊（36 号、39 号样本点）的泥沙分选度为中等外（其值为 0.5~1.0 之间），其余均较差（大于 1.0），这反映出此水域内的泥沙主要是处在低能水流条件下沉积而成的。泥沙未受到很好的筛选。相应的粗颗粒物质呈负偏态，细颗粒物质呈正偏态（图 3-9）。在某些区域内细颗粒泥沙存在着负偏的现象，但港区附近的泥沙基本上呈近对称分布（-0.1<SK_ϕ<0.1）。

3.5　港区泥沙来源

　　对沉积物来源的研究方法很多，通常采用的有：①粒度分析和重矿物分析的方法，通过研究沉积物粒度组成、分布，重矿物的种类、含量、特征、组合类型及其分布状况，以探索泥沙来源和搬运、沉积趋势；②利用卫星遥感信息对水沙的运移进行动态研究；③采用模拟的方法，即采用物理模型或数学模型对所在区域的边界条件、水文泥沙运动情况进行研究，得出泥沙来源。

3.5.1　从含沙量分布来推测泥沙来源

　　前已叙及，珠江河口区域的泥沙主要来自本流域的供沙，海岸侵蚀下来的泥沙与陆架来沙很少，港区所在整个伶仃洋东滩沿岸的物质来源和沉积作用与东岸沙进河等小河没有多大的关系。因此本区泥沙来源主要是由北部口门的径流带入和涨潮流从伶仃洋河口湾东南部带来的泥沙。

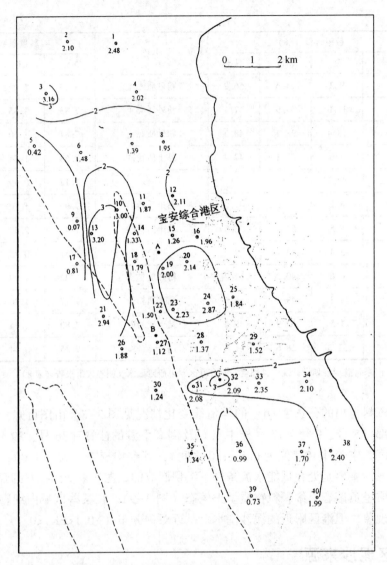

图 3-8　宝安综合港区沉积物分选度 QD_ϕ 值线

　　由图 3-6 可知，港区附近的表层沉积物均为粉砂质黏土，其中值粒径小于 0.006 mm，与水流中的悬移质的中值粒径相仿，由此可以认为，港区附近淤积的泥沙主要是以悬移质泥沙为主，推-跃移质泥沙几乎没有，故只需对悬移质泥沙的来源进行讨论。

　　悬移质悬浮于水中，随水体一起运动，经虎门、蕉门等口门的入海水体在伶仃洋海域内由于受到波浪、潮流等因素的作用，相互混掺，随之被输运到各处而沉积。伶仃洋北部的口门主要有虎门和蕉门：虎门主要是东江和珠江干流的入海口，蕉门则是西、北江汊道的入海口之一。由对伶仃洋含沙量平面变化的分析，可以了解不同径流（洪、枯）和不同潮流（大、小潮）情况下海域内的泥沙输移情况。由图 3-10、图 3-11 可

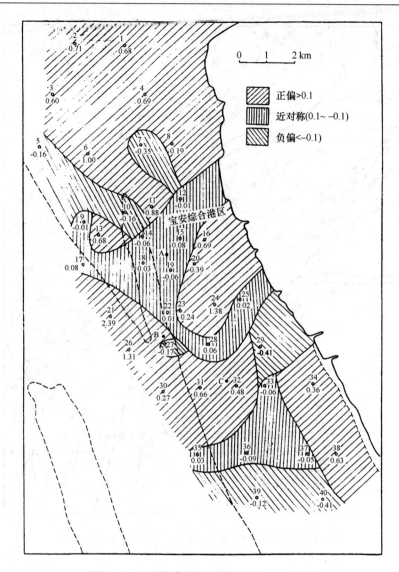

图 3-9　宝安综合港区沉积物偏态 SK_ϕ 类型

知，由于西、北江含沙量较大，东江含沙量较小，伶仃洋悬沙分布主要取决于含沙量较高的蕉门、洪奇门和横门，含沙量等值钱由东南向西北呈递增的趋势。由图 3-10 还可进一步看出，深圳宝安综合港区的泥沙主要来自于蕉门。在枯水季节，港区范围内的含沙量很少。可以推测这种情况下的港区范围内不会发生多少泥沙淤积。这与珠委科研所和广州地理所利用卫星遥感信息对虎门、蕉门近期水沙运动的发展趋势的分析研究结论基本一致。

3.5.2　从重矿物分布来确定泥沙来源

根据重矿物分析结果，伶仃洋东滩的主要重矿物有钛铁矿、磁铁矿、褐铁矿、锆石、角闪石、白钛石、电气石、黄铁矿及绿帘石等（表 3-1）。重矿物组合特点为：槽

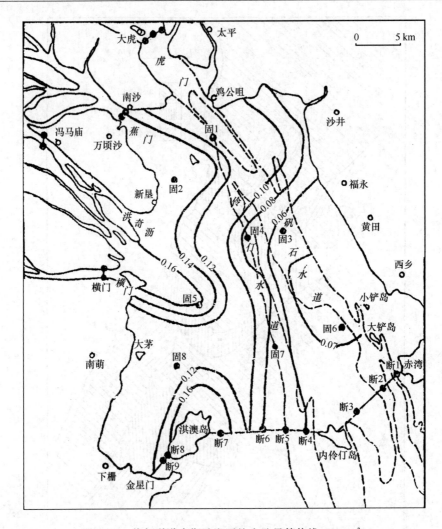

图 3-10　伶仃洋洪水期涨潮平均含沙量等值线（kg/m³）

边沙脊带为钛铁矿—磁铁矿—褐铁矿—白钛石—绿帘石；潮沟及边滩区为钛铁矿—锆石—角闪石—电气石—黄铁矿。

　　在交椅沙、横沙、公沙等槽边沙脊带，重矿物组成以钛铁矿（24.4%）、褐铁矿（17.1%）和磁铁矿（18.3%）为主，三者之和为 59.8%，为本区域的优势矿物。白钛石含量（3.25%）明显高于伶仃洋其他区域（平均为 1.41%）。特征矿物海绿石更为突出，含量高达 4.5%（伶仃洋平均含量为 0.67%），为海绿石高含量带。经比较，磁铁矿在东江汉道的含量远高于西、北江汉道，反映了虎门来沙对本区沙脊带沙源有较大的影响，而西、北江汉道钛铁矿、褐铁矿、白钛石的含量远较东江汉道为高，说明了西、北江经蕉门的来沙对本区亦有影响。海绿石在本带形成高含量区，表明海域来沙对本带也有较大的影响。

　　在潮沟及边滩带，重矿物组成以钛铁矿（37.7%）、锆石（23.4%）为主，二者之

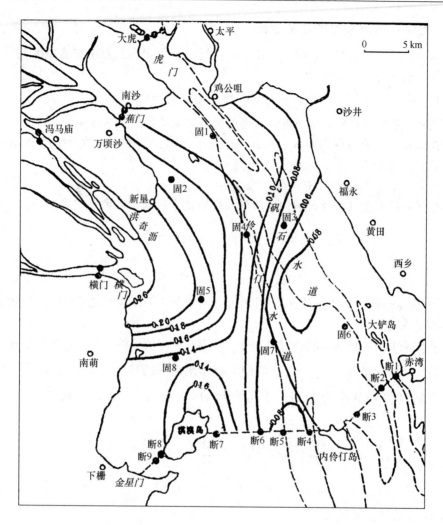

图 3-11　伶仃洋洪水期落潮平均含沙量等值线（kg/m³）

和占 61.1%，相对优势矿物为角闪石（3.3%）、电气石（2.1%），特征矿物为黄铁矿（含量高达 10.6%），为自生黄铁矿的高含量带，亦有较多海绿石出现。比较本带与上游汊道以及伶仃洋东南部的重矿物含量可以看出，东江汊道电气石含量远较西江为多，反映东江来沙对本区域的影响较大；从黄铁矿、角闪石及海绿石分布来看，海域来沙亦有一定的影响。

综上所述，东滩泥沙来源虽较为复杂，但主要来自虎门和蕉门，海域来沙影响远比西滩普遍。从蕉门来沙中含量较丰的白钛石在东滩槽边沙脊带中有较多的分布可看出，蕉门泥沙可以向东扩散到黄田以北的东部浅滩；而东江含量特高的锐钛矿在东滩近岸出现高含量带，并在矿物组合类型中磁铁矿、电气石含量较高，则反映虎门来沙对东滩亦有较大影响。此外，黄铁矿高含量带自矾石水道沿东滩近岸伸长至交椅湾，海绿石高含量带自大铲岛沿东滩外缘沙脊伸长至交椅湾，说明东滩的发育深受海域来沙的影响。

3.5.3 对港区泥沙来源进行定量探讨

上面只是对港区的泥沙来源进行描述性论述，下面我们从重矿物含量变化的角度，对港区泥沙来源进行定量探讨。

3.5.3.1 不同沙源在同一样本点内重矿物含量的表达式

下面从重矿物含量的变化角度，对港区泥沙来源从定量上进行探讨。

设在研究的区域内存在着 S_1，S_2，$\cdots$，S_r 个沙源，其中任一沙源中特征元素（重矿物表示）的含量为

$$S_i = (S_{i1},\ S_{i2},\ \cdots,\ S_{in}) \in U^n \tag{3-1}$$

各沙源在任一样本点（研究区域内所取的沙样）泥沙的含量可由下式表达

$$\overline{U}_i = a_{i1}S_1 + a_{i2}S_2 + \cdots + a_{ir}S_r = \sum_{j=1}^{r} a_{ij}S_j$$

$$\sum_{j=1}^{r} a_{ij} = 1 \quad (a_{ij} \geq 0) \tag{3-2}$$

式中 a_{ij} 为权重系数，它的物理意义是第 j 个沙源在第 i 个样本点淤积泥沙（矿物成分表示）的百分含量。

在沙样选取或特征元素的确定过程中，均存在一定程度的误差，它导致了任一样本点中的特征元素含量（U_i）与各沙源的综合作用而成的特征元素含量（$\overline{U}_i$）存在着差别。我们以偏差最小为准则，找出恰当的 a_{i1}，a_{i2}，$\ldots$，a_{ir}，使得（$U_i - \overline{U}_i$）最小。

$$d_i = \sum_{j=1}^{n} (U_{ij} - \overline{U}_i)^2 = \sum_{j=1}^{n} (U_{ij} - \sum_{l=1}^{r} a_{il}S_{lj})^2$$

$$\sum_{l=1}^{r} a_{il} = 1 \quad (a_{il} \geq 0) \tag{3-3}$$

对 a_{ik} 求偏导，可得：

$$\frac{\partial d_i}{\partial a_{ik}} = \frac{\partial}{\partial a_{ik}} \Big[\sum_{j=1}^{n} (U_{ij} - \sum_{l=1}^{r} a_{il}S_{lj})^2 - \lambda \Big(\sum_{l=1}^{r} a_{il} - 1 \Big) \Big]$$

$$= 2 \sum_{j=1}^{n} (U_{ij} - \sum_{l=1}^{r} a_{il}S_{lj}) S_{kj} - \lambda$$

$$(k = 1,\ 2,\ \cdots,\ r) \tag{3-4}$$

如果 $d_i = \min$，则有 $\dfrac{\partial d_i}{\partial a_{ik}} = 0$，可得：

$$2 \sum_{j=1}^{n} (U_{ij} - \sum_{l=1}^{r} a_{il}S_{lj}) S_{kj} - \lambda = 0$$

$$\sum_{l=1}^{r} a_{il} = 1 \tag{3-5}$$

重写方程（3-5）

$$\sum_{l=1}^{r} a_{il} \sum_{j=1}^{n} S_{kj}S_{lj} + \frac{\lambda}{2} = \sum_{j=1}^{n} U_{ij}S_{kj}$$

$$\sum_{l=1}^{r} a_{il} = 1 \qquad (3-6)$$

从式（3-6）可知，共有 $r+1$ 个方程，这与未知量个数 $r+1$ 相同，所以此方程组是一个闭合方程组，可以求解。

3.5.3.2　港区范围内粉砂质黏土的来源

由前面叙述可知，伶仃洋内的泥沙主要来自于珠江网河区的东江，西、北江，流溪河以及口外近岸陆架。它们的主要重矿物成分见表 3-3。

表 3-3　各沉积区和港区主要矿物含量（%）

区	段	磁铁矿	钛铁矿	褐铁矿	锆石	黄铁矿	金红石	锐钛矿
珠江网河区	东江	41.41	8.75	21.42	11.58	2.02	0.26	2.28
	西、北江	25.44	22.18	33.24	13.79	0.85	0.78	0.79
陆架	珠江口东	0.63	9.50	10.70	1.1	9.39	0.06	0.0
伶仃洋	港区	15	15	20	20	18	0.35	0.4

用式（3-6）对表 3-3 进行计算，可求出港区内的淤积泥沙中，来自东江，西、北江，口外陆架东侧的含量分别为 9.57%、43.75%、46.68%〔（徐君亮等（1985）计算的东江褐铁矿的含量为 17.42%，若用此值计算，则分别为 9.76%、44.15% 和 46.09%〕。这表明港区附近的粉砂质黏土主要来自西、北江和口外，来自东江的细颗粒泥沙很少。所需说明的是：①上面计算采用重矿物的含量变化所得，是在各江泥沙中所占重矿物比例相同的情况下得出的，由于各江泥沙中所含重矿物的百分比不同，因此，这一比例尚有出入；②表 3-3 是根据《珠江口伶仃洋滩槽发育演变》中的表 3-5 和重矿物分流图在港区的含量等值线所确定。由于文献中未列入流溪河的重矿物含量，故计算中也未考虑流溪河的泥沙。

3.5.3.3　港区附近的中、细砂来源

根据《华南航道水文泥沙调查》中表 6-11（175 页）和表 6-18（197 页）对磁铁矿、钛铁矿等 16 种重矿物的分析，可以得出东江、西江、北江、流溪河以及交椅沙尾各种重矿物的含量见表 3-4，由于海域来沙较细，故不必考虑。表 3-4 内各江的重矿物含量是由表 6-11 取平均所得。

用式（3-6）对表 3-4 进行计算，可得交椅沙尾的泥沙来自东江的为 71.35%，流溪河为 0，西江为 20.46%，北江为 8.19%。以上数据可以说明：港区附近的中、细砂主要来自于东江。

表 3-4　珠江网河和交椅沙尾重矿物含量（%）

矿物	东江	流溪河	西江	北江	交椅沙尾
磁铁矿	41.41	33.13	26.36	25.48	31.23
钛铁矿	8.75	37.43	23.18	20.6	3.09
褐铁矿	21.42	14.2	34.8	30.83	28.8
白钛石	0.79	1.02	1.60	1.22	3.8
锆石	11.58	9.43	13.21	14.7	2.2
电气石	3.39	0.55	1.26	1.43	1.6
金红石	0.26	0.47	0.96	0.57	0.55
锐钛矿	2.28	0.53	1.04	0.50	0
独居石	0.18	0.9	0.46	0.77	0
角闪石	0.86	0.27	0.27	0.253	0.82
辉石	0.09	0	1.01	0.58	0
绿帘石	3.65	0.5	0.99	1.42	0
石榴石	0.14	0.07	0.23	1.19	0
黄铁矿	2.02	0.07	1.38	0.08	0.27
磷灰石	0.16	0	0.11	0.1	0
榍石	0.15	0	0.18	0.12	0
重矿物在沉积物中的含量	0.29	2.3	5.5	3.65	2.59

4　平面二维潮流数学模型

4.1　模型设计

4.1.1　基本方程和定解条件

在笛卡尔直角坐标系下（图 4-1），平面二维潮流基本方程可表示为如下形式：

连续方程

$$\frac{\partial \xi}{\partial t} + \frac{\partial}{\partial x}\big[(h+\xi)u\big] + \frac{\partial}{\partial y}\big[(h+\xi)v\big] = 0 \tag{4-1}$$

动量方程

$$\frac{\partial u}{\partial t} + u\frac{\partial u}{\partial x} + v\frac{\partial u}{\partial y} - f \cdot v + g\frac{\partial \xi}{\partial x} + \frac{g \cdot v\sqrt{u+v^2}}{c^2(h+\xi)} = \varepsilon_x\left(\frac{\partial^2 u}{\partial x^2} + \frac{\partial^2 u}{\partial y^2}\right) \tag{4-2}$$

$$\frac{\partial u}{\partial t} + u\frac{\partial u}{\partial x} + v\frac{\partial u}{\partial y} + f \cdot u + g\frac{\partial \xi}{\partial x} + \frac{g \cdot v\sqrt{u+v^2}}{c^2(h+\xi)} = \varepsilon_x\left(\frac{\partial^2 u}{\partial x^2} + \frac{\partial^2 u}{\partial y^2}\right) \tag{4-3}$$

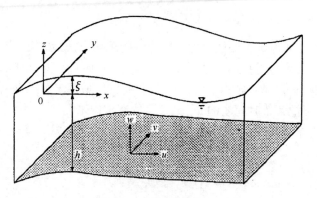

图 4-1　坐标系的定义

式中，$u = \dfrac{1}{h+\xi} \displaystyle\int_{-h}^{\xi} u\,\mathrm{d}z$；$v = \dfrac{1}{h+\xi} \displaystyle\int_{-h}^{\xi} v\,\mathrm{d}z$；$h$ 为水深；ξ 为潮位；f 为柯氏系数，$f =$

$2\omega\sin\varphi$，ω 表示地转速度，φ 为当地地理纬度；g 为重力加速度；c 为谢才系数，$c = \dfrac{1}{h}$

$(h+\xi)^{\frac{1}{6}}$；ε_x、ε_y 为 x、y 方向紊动黏滞系数。方程（4-1）、方程（4-2）、方程（4-3）
的定解条件分别为初始条件和边界条件。

1）初始条件

$$\xi(x,\ y,\ t_0) = \xi_0(x,\ y)$$
$$u(x,\ y,\ t_0) = u_0(x,\ y)$$
$$v(x,\ y,\ t_0) = v_0(x,\ y) \tag{4-4}$$

2）边界条件

（1）闭边界 Γ_1

$$\vec{v} \cdot \vec{n} = 0 \tag{4-5}$$

（2）开边界 Γ_2

$$\xi(x,\ y,\ t) = \xi_A(x,\ y,\ t) \tag{4-6}$$

或

$$u(x,\ y,\ t) = u_A(x,\ y,\ t)$$
$$v(x,\ y,\ t) = v_A(x,\ y,\ t) \tag{4-7}$$

上述各式中，下标"0"表示已知初始值，"A"表示已知量的时间过程。

对于嵌套边界，还需补充控制条件如下：

$$\frac{\partial u_2}{\partial x} = k\,\frac{\partial u_1}{\partial x}\;;\; \frac{\partial v_2}{\partial x} = k\,\frac{\partial v_1}{\partial x}$$

$$\frac{\partial u_2}{\partial y} = k\,\frac{\partial u_1}{\partial y}\;;\; \frac{\partial v_2}{\partial y} = k\,\frac{\partial v_1}{\partial y} \tag{4-8}$$

下标"1"指嵌套外域，"2"指嵌套内域，k 为插值函数，其表达式与嵌套网格的缩比
（$\Delta s_1/\Delta s_2$）及插值点的选取相对应。

4.1.2　计算方法和参数选择

ADI 法是大水体非恒定流偏微分方程数值解的理想方法。它是一种隐、显交替求解的有限差分格式。其要点是把时间步长分成两段，在前半个步长时段，沿 X 方向联立 ξ、u 变量隐式求解，再对 v 显式求解；后半个步长，则将求解顺序对调过来。这样随着 Δt 的增加，即可把各个时间场的 u、v、ξ 值依次求出来。

离散方程中各个变量在网格上的定义见图 4-2，时间采用前差，空间采用交错网格中心差分格式。

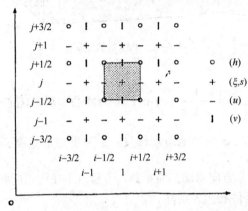

图 4-2　差分网格的定义

嵌套网格技术解决了差分方程中模型的空间步长通常与工程尺度难以匹配的矛盾，并且可以满足边界受工程反馈影响的控制要求，尤其适合于在伶仃洋这样的大水体中进行局部工程问题研究的潮流模拟。该技术的要点就是在局部模型的嵌套边界上补充式 (4-8) 的控制条件。

河口湾的潮间带通常范围很大，需要用边界移动的技术模拟边滩的蓄水和输水过程。动边界技术不仅要求模型在几何上与原型相似，还须保持计算域内的质量平衡和动量平衡，才能比较真实地模拟出漫滩和归槽的天然流场。

河床糙率采用下式：

$$n = n_0 + n' \tag{4-9}$$

式中，n_0 指沙粒糙率，与河床质粒径有关；n' 表示附加糙率，与河床的相对起伏度变化对应，一种简单的表达式为：

$$h' = \frac{k_n}{(h + \xi)} \qquad (k_n < 0.01,\ h + \xi \geqslant 0.5\ \text{m}) \tag{4-10}$$

我们做了一个 n' 与 k_n 的对应曲线族，如图 4-3 所示，可根据不同地区的水下地形情况选择相应的关系曲线使用。

4.1.3　模型概况

平面二维潮流模型的计算范围包括整个伶仃洋海区，整体模型的北边界始于虎门口内的大虎水文断面，南边界位于桂山岛外水域，南北纵向长 80 km，东边界至香港的急

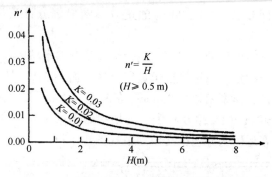

图 4-3　$n'-k$ 关系曲线

水门，西边界抵澳门的洪湾水道，东西长 50 km，模型控制域为 4 000 km²，共有 7 个开边界与上游河道和外海水域相通（图 4-4）。

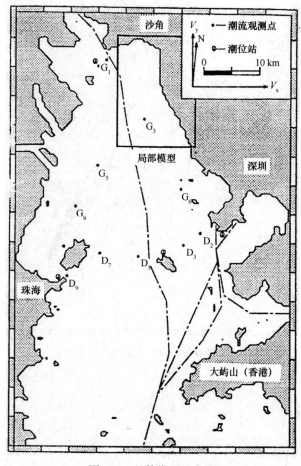

图 4-4　整体模型示意图

整体模式采用空间步长 $\Delta s_1 = 500$ m 的正方形网格剖分计算域，计算单元总数为 16 000 个，模型纵坐标北偏西 5°。

局部模型嵌套在整体模型的东北部，包括交椅湾全部水域以及伶仃洋东槽和东滩的北半段，模型上边界至沙角，下边界位于黄田机场下游约 3 km 处，右边界接岸，左边界切川鼻水道末端深槽，模型南北长 20 km，东西宽 14 km，控制面积 280 km²，空间步长 $\Delta s_2 = 100$ m，剖分单元网格 28 000 个。规划中的深圳宝安综合港区位于模型中部，黄田机场的油码头和客运码头亦包括在模型中（图 4-5）。

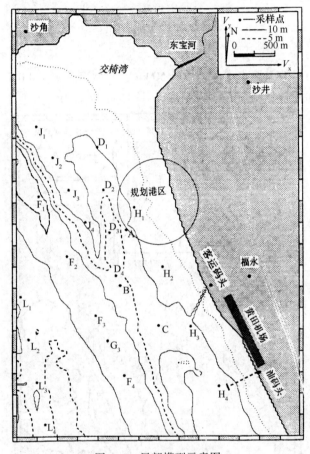

图 4-5　局部模型示意图

4.2　模型验证

4.2.1　整体模型的验证

模型选择伶仃洋水文调查资料中的第一组合资料（1978 年 6 月 23—24 日洪季大潮）作为模型的验证潮型。该潮型同步观测资料十分齐备，共有十几条垂线流速流向逐时数据以及伶仃洋周边各站潮位、流量资料可供模型进行验证。我们通过 1988 年洪枯季在伶仃洋进行的两次同步水文测验资料（由中山大学施测）与所选潮型在同一模型中进行比较计算，发现采用 1978 年潮型可以保证模型验证的可靠性和准确性，并且有良好的代表性。在伶仃洋出海航道可行性研究，珠海淇澳大桥工程潮流计算分析以及伶仃洋跨海大桥通航问题研究等多个课题的数学模型中采用该潮型进行工程潮流计算，都取得了令人满意的成果。

本项研究课题主要关心伶仃洋东部海区的潮流情况，因此选择沿矶石水道一线的 G_1、G_3、G_6 垂线以及内伶仃岛与赤湾之间断面的 D_2、D_3 垂线作为模型流速验证的重点（G、D 测点为 1978 年 6 月 23—24 日洪季大潮观测资料），为了保证模型其他水域的流场与天然相似，也布置了位于西滩的 G_5、G_8 垂线以及淇澳岛两侧的 D_7 和 D_9 垂线进行流速验证，同时对舢舨洲、赤湾、内伶仃和金星门等各验潮站的潮位过程进行验证。各潮流垂线和验潮站的位置见图 4-4。其中 G_3 垂线包括在局部模型内，我们还要通过它检验局部模型的相似性。

图 4-6 是整体模型各站潮位与实测资料的比较结果，图 4-7 是各垂线流速的验证结果，从这些过程线的比较来看，整体模型的概化和控制是合理的，所复演的伶仃洋潮汐过程、潮流特性与实际情况基本吻合，可以认为，整体模型的设计和调试是合理的，模型的验证是成功的。

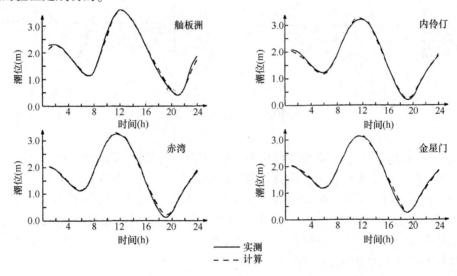

图 4-6　潮位验证曲线

图 4-8（a）、（b）、（c）、（d）是整体模型所复演的伶仃洋不同潮时的平面流态。从这些流态图中，我们可以观察到在涨急、涨憩、落急、落憩不同时刻伶仃洋分布的不同形态。

4.2.2　局部模型的检验

嵌套在整体模型中的局部模型，是否能保持与整体模型在流场变化上的相容一致，我们可以从图 4-9 中 G_3 垂线的流速变化情况得到认识。无论是流速过程线的比较还是

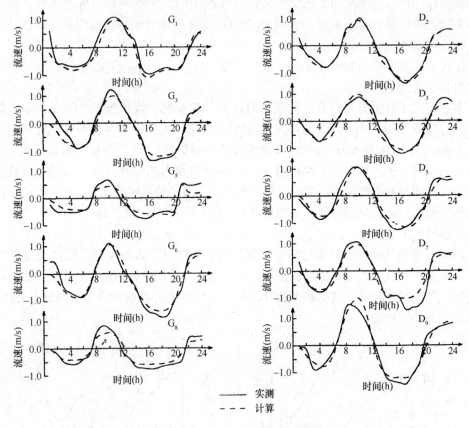

图 4-7　流速验证曲线

流速矢量分布图的形状，局部模型与实测结果和整体模型的计算结果都比较一致。局部模型是整体模型的真实放大，它既具有网格划分密集、流场细部模拟形象的优点，又保证了边界控制条件的可靠，因此用其进行宝安综合港区岸线规划的潮流计算是合适的。

图 4-10 则是局部模型复演的交椅湾至黄田机场附近水域的潮流平面流态，与图 4-8 伶仃洋整体模型中对应区域的潮流流态相比较，二者的分布形态是十分相似的，只不过局部模型所显示的流场分布变化更丰富和详细一些。

4.2.3　局部模型与最新测流资料的比较和分析

伶仃洋东部水域的动力地貌环境虽然长期保持比较稳定的状态，但缓慢的变化还是存在的。我们通过对这一海区历史地形图的比较发现，交椅沙沙脊在缓慢地向下游延伸，伶仃洋东岸沿线近年来实施了一些建设工程，也引起当地潮流动力环境发生一些变化。广东省航运规划设计院为了本项目可行性研究在最近（1997 年 3 月）进行了现场水文测验，共测取了 A、B、C 三条垂线的流速、流向以及含沙量和含盐度资料。为了论证所建立的数学模型对目前当地水域潮流运动模拟的代表性如何，我们将模型中对应 A、B、C 三点（位置参见图 4-5）的流速、流向计算结果与实测资料对比于表 4-1。对照表中各栏数据，不难看出，A 点和 B 点，无论是流速还是流向，数学模型采用

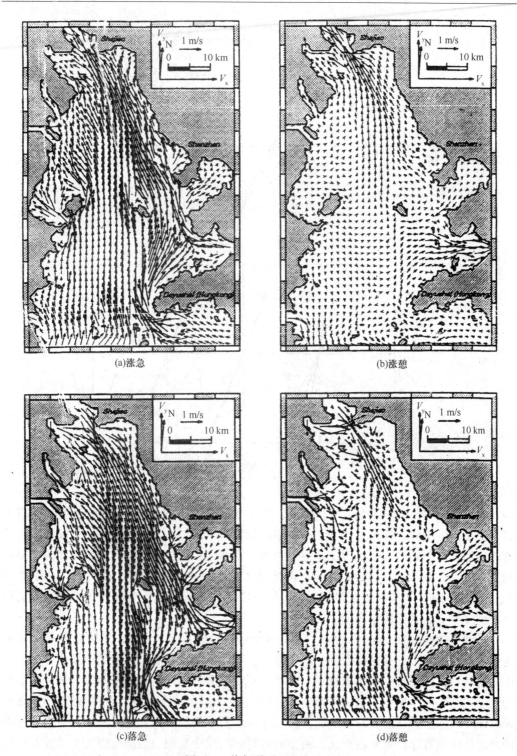

图 4-8　伶仃洋平面潮流流态

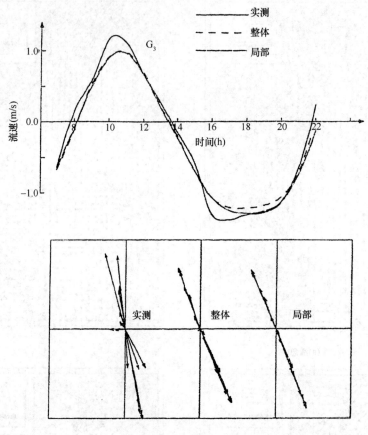

图 4-9　G_3 流速对比力

1978 年 6 月洪季大潮的计算结果与 1997 年 3 月枯季大潮的实测结果都是比较接近的，只有位于公沙浅滩北端的 C 点流速、流向实测与计算结果差别大一些。分析认为公沙浅滩地形变化引起局部流场改变是主要原因，当然，计算潮型与实测潮型虽然潮差基本相近，但一个在汛期，一个在枯季，潮流动力分布还是有差异的。从位于深槽附近的 A、B 两点流速、流向比较结果来看，我们可以这样认为：规划港区所在水域的潮流动力环境多年来还是比较稳定的。

从图 4-10（a）、（b）、（c）、（d）不同潮时的流态图中，我们还可以发现涨潮流在规划港区水域以下是贴岸上溯，流速较大，通过港区水域后则逐渐离岸偏西上行，近岸流速变小；落潮流亦有类似特点。另外，不管是涨转落还是落转涨阶段，都是近岸区的潮流先涨先落，矾石水道深槽转流要滞后一些。这样，在交椅湾深槽附近就出现涨憩顺时针环流和落憩逆时针环流结构，虽然这些环流维持的时间并不太长，但对当地的泥沙冲淤环境具有比较重要的意义。由于回流引起的泥沙淤积一般都比较大，需要引起我们的注意。

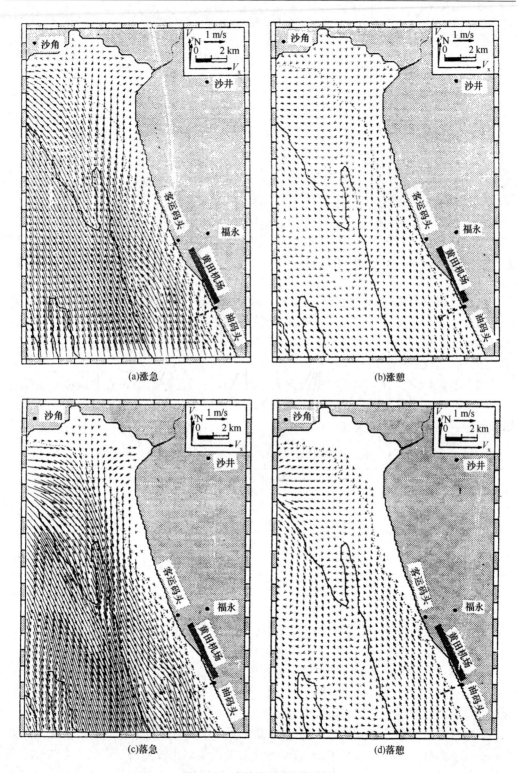

图 4-10　交椅湾平面潮流流态

表 4-1　局部模型与最新实测流速、流向对比

测点	类型	涨潮期		落潮期	
		平均流速（m/s）	平均流向（°）	平均流速（m/s）	平均流向（°）
A	实测	0.43	346	0.62	156
	计算	0.45	336	0.71	159
B	实测	0.52	340	0.65	162
	计算	0.49	333	0.68	156
C	实测	0.54	323	0.38	141
	计算	0.44	326	0.61	152
备注	实测：1997 年 3 月 9 日枯季大潮，涨潮潮差 = 2.52 m，落潮潮差 = 3.05 m 计算：1978 年 6 月 23 日洪季大潮，涨潮潮差 = 2.46 m，落潮潮差 = 3.20 m				

4.3　港区规划方案简介

设计部门根据深圳宝安综合港区的规模和功能，结合当地的自然条件，提出四个港区平面布置规划方案（图 4-11）。规划方案的指导思想一是要充分利用邻近港区的交椅湾深槽，二是尽量减小对周围水域水动力环境的干扰影响，同时港区规划应与伶仃洋东岸岸线的长远规划相协调。

基于上述要求，数学模型在进行方案比选计算时，需要对所关心的区域布设采样点，以便获得不同方案情况下对应区域潮流场的变化。表 4-2 列出了分区采样点的区域和编号，具体位置见图 4-5。

表 4-2　局部模型分区采样点编号及布置情况

序号	编号	布置区域
1	F_1、F_2、F_3、F_4	矾石水道北段
2	H_1、H_2、H_3、H_4	东滩边槽中段
3	D_1、D_2、D_3、D_4	交椅湾深槽段
4	J_1、J_2、J_3、J_4	交椅沙浅滩段
5	L_1、L_2、L_3、L_4	伶仃水道北段

由于各方案的港池、航道位置有所不同，因此对应采样点的坐标亦各有异。将各方案在港池、航道的采样点编号标注在方案示意图（图 4-12）上，以便成果分析时对照。

在研究过程中，设计部门又提出一个补充方案（即方案五），其工程布置情况及对应的采样点如图 4-13 所示。这样，我们共有 5 个计算方案可以用来进行对比分析。各规划方案的工程布置情况如表 4-3 所示。

方案计算采用模型验证潮型。该潮型为洪季大潮，上游径流为中洪水，涨潮潮差 2.5 m，落潮潮差 3.2 m，与 1997 年最新水文测验的潮型比较接近。我们认为该潮型能够代表伶仃洋东部水域潮流动力环境的基本特性，用其来进行港区规划方案的潮流场计算是合适的。

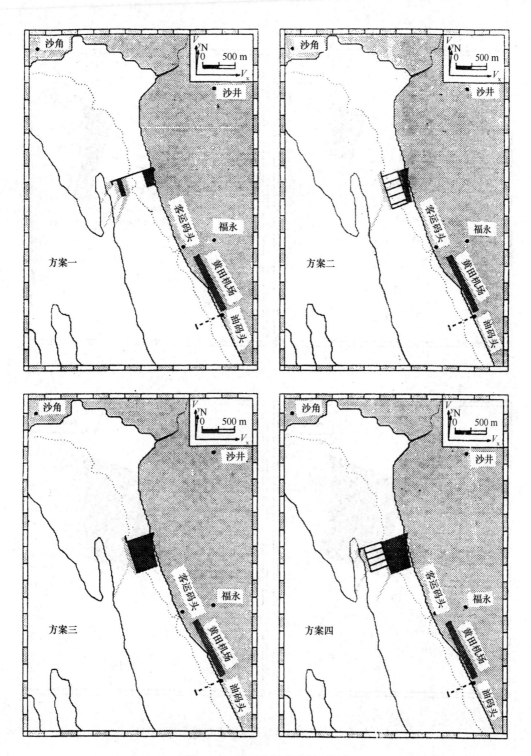

图 4-11　港区布置方案平面示意

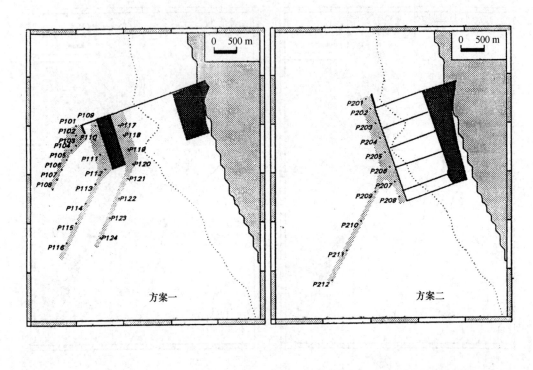

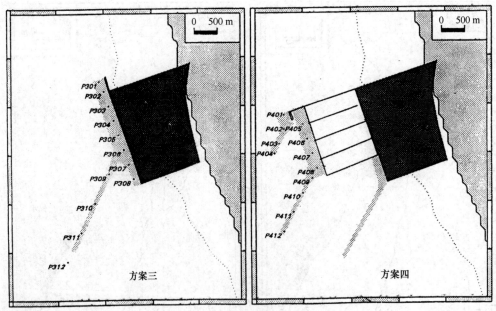

图 4-12　模型计算方案采样点布置示意

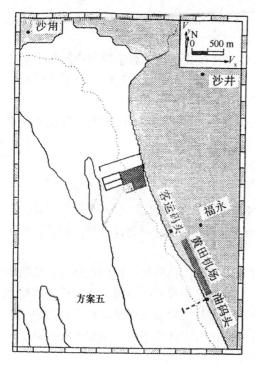 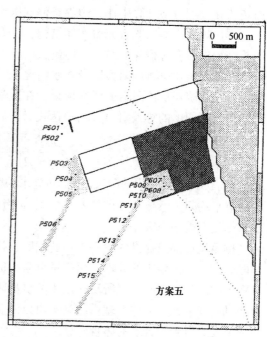

图 4-13　补充方案平面示意及采样点布置

表 4-3　港区规划方案布置情况

方案	码头类型	港池（m）			航道（m）		
		L	B	D	L	B	D
一	栈桥式液化码头	500	280	−6.3	1 000	80	−6.3
	人工岛外侧泊位	1 132	280	−5.4	1 500	80	−5.4
	人工岛内侧泊位	1 132	280	−5.0	2 500	65	−5.0
二	栈桥式液化码头	280	280	−6.3			
	顺岸栈桥式码头	1 500	280	−5.4	2 500	80	−5.4
	顺岸栈桥式码头	600	150	−3.0			
三	栈桥式液化码头	280	280	−6.3			
	顺岸实体码头	1 500	280	−5.4	2 500	80	−5.4
	顺岸实体式码头	600	150	−3.0			
四	栈桥式液化码头	280	280	−6.3	—	—	−6.3
	长栈桥式（5排）码头	1 516	280	−5.4	500	80	−5.4
	顺岸实体式码头	610	150	−3.0	1 700	50	−3.0
五	栈桥式液化码头	280	280	−6.3	500	80	−6.3
	长栈桥式（3排）码头	900	280	−5.4	500	80	−5.4
	挖入式港池	500	500	−5.0	2 700	65	−5.0
备注	1. L：长；B：宽；D：标高（理论基准面起算） 2. 航道走向均为 20°~200°						

计算时段取一个涨、落潮全过程，共计 16 个小时。机场油码头及客运码头的港池、航道均在模型方案计算中作为边界条件加以考虑。

港区规划方案中既有充填实体结构，又有透水栈桥式结构，数学模型应区分不同的码头结构进行合理概化。对于实体码头，模型是很容易进行概化处理的，但对于栈桥型码头，如何概化桩群的阻力以及透水情况，需要作专门的处理。

根据我院对桩群阻力的研究成果，在数学模型中可以把实际的群桩阻力转化为计算网格单元面积上的等效阻力，其表达式为：

$$\tau_z = \rho \frac{u\sqrt{u^2+v^2}}{2} \sum_N \left(C_D \frac{hd}{a^2}\right) \tag{4-10}$$

式中，τ_z 为计算单元内的附加阻力；ρ 为水的密度；u、v 是流速沿 x、y 方向的分量；C_D 为桩群平均阻力系数，方桩的 $C_D = 2.0$；h 为水深；d 为桩径；a^2 为计算单元面积；N 为计算单元中桩的个数。

按照设计部门提供的栈桥桩群的间距、排列以及桩径和形状，我们在模型方案的概化时分别进行了相应的处理。由于桩群阻力的实际情况非常复杂，加上数学模型在概化过程中的简化，因此模型所反映出来的桩群阻力作用与实际情况还是有相当差异的，作为相对比较来说，上述处理措施基本可以满足方案比选的计算条件，模型中的桩群阻力和透水效应得到了合理的体现。

4.4 方案计算成果分析

4.4.1 港区周围水域潮流变化

表 4-4 和表 4-5 分别列出了宝安综合港区规划方案实施后周围水域潮流流速、流向特征值的变化情况。按照表 4-2 的划分区域顺序，分别讨论如下。

1）矾石水道北段

方案四对该水道的水流影响比其他方案都大，由于该方案的五条栈桥码头形成的阻水挑流作用，致使原本通过东边滩的涨、落潮水流部分被逼向西侧深槽，使矾石水道北段的涨、落潮流速都有比较明显的增大［如表 4-4（1）中 F_1 点的涨潮流比无工程时增加 10% 左右，F_2 点的落潮流比无工程时增大 8% 左右］。

方案五对矾石水流的影响要比方案四小一些，原因主要是该方案的栈桥减至三条，栈桥桩数减少，阻水挑流作用变弱所然。其他方案的实施对矾石水道的水流几乎没有什么影响。

2）东滩边槽

该水域北段（H_1、H_2）由于位于港区近侧，方案实施后水流变化是必然的。问题是靠近机场客运码头航道外端的 H_3 点和油码头前沿水域的 H_4 点，各方案的影响就各不相同了。从表 4-4（2）中我们可以清楚地看到，除了方案一（人工岛方案）以外，其他各方案均使客运港航道外端（H_3 点）的涨潮流减少了 15% ~ 17%，而落潮流则比无工程时增加了 5% ~ 10%。对于油码头前沿水域（H_4 点）来说，各方案对其涨、落潮几乎没有什么影响。

表 4-4（1）　各方案矾石水道北段涨、落潮流速变化对比统计

编号	方案 P(i)	涨潮 U[cp] U_i	DU (cm/s)	(%)	U[max] U_i	DU (cm/s)	(%)	落潮 U[cp] U_i	DU (cm/s)	(%)	U[max] U_i	DU (cm/s)	(%)
F_1 10.9 m	P(0)	67	0	0	97	0	0	92	0	0	128	0	0
	P(1)	71	4	6	103	6	6	92	1	1	130	2	2
	P(2)	69	2	3	99	2	2	91	0	0	128	0	0
	P(3)	69	2	3	99	2	2	91	0	0	128	0	0
	P(4)	75	8	12	108	11	11	93	2	2	131	3	2
	P(5)	74	7	10	106	9	9	93	2	2	130	2	2
F_2 9.2 m	P(0)	66	0	0	96	0	0	93	0	0	136	0	0
	P(1)	68	2	3	99	3	3	96	3	3	141	5	4
	P(2)	67	1	2	97	1	1	93	0	0	137	1	1
	P(3)	67	1	2	98	2	2	94	1	1	137	1	1
	P(4)	71	5	8	103	7	7	100	7	8	147	11	8
	P(5)	70	4	6	102	6	6	98	5	5	144	8	6
F_3 8.0 m	P(0)	63	0	0	94	0	0	84	0	0	128	0	0
	P(1)	63	0	0	94	0	0	85	1	1	130	2	2
	P(2)	63	0	0	94	0	0	84	0	0	128	0	0
	P(3)	63	0	0	94	0	0	84	0	0	128	0	0
	P(4)	63	0	0	94	0	0	88	4	5	134	6	5
	P(5)	63	0	1	95	1	1	87	3	4	133	5	4
F_4 8.5 m	P(0)	64	0	0	94	0	0	84	0	0	129	0	0
	P(1)	64	0	0	94	0	0	84	0	0	129	0	0
	P(2)	64	0	0	94	0	0	84	0	0	129	0	0
	P(3)	64	0	0	94	0	0	84	0	0	129	0	0
	P(4)	63	-1	-1	93	-1	-1	84	0	0	130	1	1
	P(5)	63	-1	-1	93	-1	-1	84	0	0	130	1	1

备注：$i=0$，无工程；$i=1, 2, 3, 4, 5$，方案编号；$DU = U_i - U_0$；$(\%) = (DU/U_0) * 100$

表4-4（2）　各方案东边槽涨、落潮流速变化对比统计

编号	方案 P(i)	涨潮						落潮					
		U[cp]			U[max]			U[cp]			U[max]		
		U_i	DU (cm/s)	(%)	U_i	DU (cm/s)	(%)	U_i	DU (cm/s)	(%)	U_i	DU (cm/s)	(%)
H_1 2.2 m	P (0)	44	0	0	64	0	0	48	0	0	76	0	0
	P (1)	0	-44	-99	0	-64	-99	0	-48	-99	0	-76	-99
	P (2)	35	-9	-19	53	-11	-16	41	-7	-14	63	-13	-16
	P (3)	33	-11	-24	50	-14	-21	40	-8	-16	62	-14	-17
	P (4)	9	-35	-79	13	-51	-79	13	-35	-72	21	-55	-71
	P (5)	0	-44	-99	0	-64	-99	0	-48	-99	0	-76	-99
H_2 1.7 m	P (0)	51	0	0	67	0	0	42	0	0	69	0	0
	P (1)	48	-3	-5	63	-4	-5	36	-6	-13	58	-11	-15
	P (2)	48	-3	-5	63	-4	-5	38	-4	-9	60	-9	-12
	P (3)	47	-4	-7	62	-5	-6	37	-5	-11	59	-10	-13
	P (4)	37	-14	-26	57	-10	-14	28	-14	-32	47	-22	-31
	P (5)	38	-13	-24	58	-9	-12	29	-13	-30	48	-21	-29
H_3 4.4 m	P (0)	57	0	0	78	0	0	42	0	0	69	0	0
	P (1)	56	-1	-1	77	-1	-1	41	-1	-1	69	0	0
	P (2)	48	-9	-15	78	0	0	46	4	10	69	0	0
	P (3)	47	-10	-17	77	-1	0	46	4	10	68	-1	0
	P (4)	47	-10	-17	76	-2	-2	44	2	5	67	-2	-2
	P (5)	47	-10	17	76	-2	-2	44	2	5	67	-2	-2
H_4 4.3 m	P (0)	57	0	0	79	0	0	50	0	0	78	0	0
	P (1)	56	-1	-1	79	0	0	49	-1	-1	78	0	0
	P (2)	56	-1	-1	78	-1	0	49	-1	-1	78	0	0
	P (3)	56	-1	-1	79	0	0	50	0	0	78	0	0
	P (4)	55	-2	-3	77	-2	-2	49	-1	-1	78	0	0
	P (5)	56	-1	-1	77	-2	-2	49	-1	-1	78	0	0

备注：$i=0$，无工程；$i=1$，2，3，4，5，方案编号；$DU=U_i-U_0$；（%）=（DU/U_0）*100

表 4-4（3）　各方案交椅湾深槽涨、落潮流速变化对比统计

编号	方案 P(i)	涨潮 U[cp] U_i	DU (cm/s)	(%)	涨潮 U[max] U_i	DU (cm/s)	(%)	落潮 U[cp] U_i	DU (cm/s)	(%)	落潮 U[max] U_i	DU (cm/s)	(%)
D_1 2.8 m	P (0)	45	0	0	65	0	0	60	0	0	87	0	0
	P (1)	38	-7	-15	57	-8	-11	56	-4	-6	82	-5	-5
	P (2)	44	-1	-1	64	-1	-1	58	-2	-2	87	0	0
	P (3)	44	-1	-1	64	-1	-1	59	-1	-1	86	-1	0
	P (4)	38	-7	-15	50	-15	-22	49	-11	-17	77	-10	-10
	P (5)	34	-11	-23	54	-11	-16	54	-6	-9	79	-8	-8
D_2 5.1 m	P (0)	54	0	0	77	0	0	69	0	0	103	0	0
	P (1)	50	-4	-6	89	12	16	81	12	17	107	4	4
	P (2)	56	2	4	80	3	4	69	0	0	103	0	0
	P (3)	57	3	6	82	5	6	71	2	3	106	3	3
	P (4)	45	-9	-16	72	-5	-5	66	-3	-3	96	-7	-6
	P (5)	51	-3	-5	80	3	4	70	1	1	99	-4	-3
D_3 5.2 m	P (0)	51	0	0	83	0	0	74	0	0	102	0	0
	P (1)	52	1	2	84	1	1	82	8	11	115	13	13
	P (2)	52	1	2	86	3	4	75	1	1	106	4	4
	P (3)	52	1	2	86	3	4	76	2	3	106	4	4
	P (4)	57	6	12	93	10	12	83	9	12	116	14	14
	P (5)	57	6	12	93	10	12	89	15	20	125	23	23
D_4 6.4 m	P (0)	49	0	0	80	0	0	64	0	0	90	0	0
	P (1)	48	-1	-1	78	-2	-2	62	-2	-2	87	-3	-2
	P (2)	48	-1	-1	79	-1	0	65	1	2	91	1	1
	P (3)	48	-1	-1	79	-1	0	65	1	2	91	1	1
	P (4)	47	-2	-3	76	-4	-4	60	-4	-5	84	-6	-6
	P (5)	47	-2	-3	77	-3	-3	63	-1	-1	88	-2	-1

备注： $i=0$，无工程；$i=1$，2，3，4，5，方案编号；$DU=U_i-U_0$；（%）＝（DU/U_0）*100

表4-4（4）　各方案会椗沙涨、落潮流速变化对比统计

编号	方案 P(i)	涨潮 U[cp] Ui	DU (cm/s)	(%)	涨潮 U[max] Ui	DU (cm/s)	(%)	落潮 U[cp] Ui	DU (cm/s)	(%)	落潮 U[max] Ui	DU (cm/s)	(%)
J₁ 1.8 m	P (0)	42	0	0	56	0	0	64	0	0	94	0	0
	P (1)	41	-1	-1	54	-2	-3	63	-1	-1	92	-2	-1
	P (2)	42	0	0	55	-1	-1	64	0	0	94	0	0
	P (3)	42	0	0	55	-1	-1	64	0	0	94	0	0
	P (4)	41	-1	-1	56	0	0	62	-2	-2	91	-3	-2
	P (5)	41	-1	-1	55	-1	-1	63	-1	-1	91	-3	-2
J₂ 1.1 m	P (0)	42	0	0	58	0	0	63	0	0	93	0	0
	P (1)	44	2	5	61	3	5	63	0	0	91	-2	-1
	P (2)	43	1	2	58	0	0	63	0	0	93	0	0
	P (3)	43	1	2	59	1	2	63	0	0	93	0	0
	P (4)	46	4	10	65	7	12	63	0	0	89	-4	-3
	P (5)	45	3	7	63	5	9	63	0	0	90	-3	-2
J₃ 1.5 m	P (0)	51	0	0	70	0	0	63	0	0	97	0	0
	P (1)	56	5	10	76	6	9	65	2	3	96	-1	0
	P (2)	52	1	2	72	2	3	64	1	2	97	0	0
	P (3)	52	1	2	72	2	3	63	0	0	97	0	0
	P (4)	59	8	16	80	10	14	65	2	3	96	-1	0
	P (5)	57	6	12	78	8	11	64	1	2	95	-2	-1
J₄ 2.8 m	P (0)	54	0	0	74	0	0	51	0	0	80	0	0
	P (1)	59	5	9	80	6	8	55	4	8	85	5	6
	P (2)	56	2	4	77	3	4	51	0	0	80	0	0
	P (3)	56	2	4	77	3	4	52	1	2	81	1	1
	P (4)	63	9	17	85	11	15	59	8	16	90	10	13
	P (5)	62	8	15	84	10	14	57	6	12	88	8	10

备注：$i=0$，无工程；$i=1$，2，3，4，5，方案编号；$DU=U_i-U_0$；（%）$=(DU/U_0)*100$

表4-4（5）　各方案伶仃洋北段涨、落潮流速变化对比统计

编号	方案 P(i)	涨潮 U[cp] U_i	DU (cm/s)	(%)	涨潮 U[max] U_i	DU (cm/s)	(%)	落潮 U[cp] U_i	DU (cm/s)	(%)	落潮 U[max] U_i	DU (cm/s)	(%)
L_1 8.5 m	P (0)	50	0	0	85	0	0	52	0	0	72	0	0
	P (1)	51	1	2	86	1	1	53	1	2	74	2	3
	P (2)	51	1	2	85	0	0	52	0	0	73	1	1
	P (3)	51	1	2	85	0	0	52	0	0	73	1	1
	P (4)	52	2	4	87	2	2	55	3	6	76	4	6
	P (5)	52	2	4	87	2	2	54	2	4	75	3	4
L_2 8.5 m	P (0)	48	0	0	80	0	0	57	0	0	81	0	0
	P (1)	48	0	1	81	1	1	58	1	2	82	1	2
	P (2)	48	0	0	80	0	0	57	0	0	82	1	0
	P (3)	48	0	0	80	0	0	57	0	0	82	1	0
	P (4)	48	0	1	81	1	1	59	2	4	83	2	4
	P (5)	48	0	1	81	1	1	59	2	4	83	2	4
L_3 8.5 m	P (0)	50	0	0	82	0	0	6	0	0	90	0	0
	P (1)	50	0	0	82	0	0	65	1	2	90	0	2
	P (2)	50	0	0	82	0	0	64	0	0	90	0	0
	P (3)	50	0	0	82	0	0	64	0	0	90	0	0
	P (4)	49	-1	-1	82	0	0	65	1	2	90	0	0
	P (5)	50	0	0	82	0	0	66	1	2	90	0	0
L_4 8.5 m	P (0)	55	0	0	91	0	0	74	0	0	101	0	0
	P (1)	54	-1	-1	90	-1	-1	74	0	0	101	0	0
	P (2)	55	0	0	90	-1	-1	74	0	0	101	0	0
	P (3)	54	-1	-1	90	-1	-1	74	0	0	101	0	0
	P (4)	54	-1	-1	90	-1	-1	74	0	0	100	-1	0
	P (5)	54	-1	-1	90	-1	-1	74	0	0	101	0	0
备注	$i=0$，无工程；$i=1$，2，3，4，5，方案编号；$DU=U_i-U_0$；(%) $= (DU/U_0) * 100$												

表4-5 (1)　各方案矾石水道北段涨、落潮流向变化对比统计

编号	方案 P(i)	涨潮						落潮					
		G [cp]			G [Umax]			G [cp]			G [Umax]		
		G_i	DG (°)	(%)	G_i	DG (°)	(%)	G_i	DG (°)	(%)	G_i	DG (°)	(%)
F_1 10.9 m	P (0)	325	0	0	327	0	0	148	0	0	148	0	0
	P (1)	326	1	0	327	0	0	149	1	0	149	1	0
	P (2)	325	0	0	327	0	0	148	0	0	148	0	0
	P (3)	325	0	0	327	0	0	149	1	0	148	0	0
	P (4)	327	2	1	328	1	0	150	2	1	149	1	0
	P (5)	327	2	1	328	1	0	150	2	1	149	1	0
F_2 9.2 m	P (0)	327	0	0	328	0	0	150	0	0	149	0	0
	P (1)	326	-1	0	327	-1	0	149	-1	0	149	0	0
	P (2)	327	0	0	328	0	0	150	0	0	149	0	0
	P (3)	327	0	0	328	0	0	149	-1	0	149	0	0
	P (4)	325	-2	0	326	-2	0	150	0	0	150	1	0
	P (5)	326	-1	0	326	-2	0	150	0	0	150	1	0
F_3 8.0 m	P (0)	332	0	0	332	0	0	152	0	0	153	0	0
	P (1)	331	-1	0	331	-1	0	151	-1	0	152	-1	0
	P (2)	331	-1	0	331	-1	0	152	0	0	153	0	0
	P (3)	331	-1	0	331	-1	0	152	0	0	153	0	0
	P (4)	330	-2	0	329	-3	0	150	-2	0	150	-3	0
	P (5)	330	-2	0	330	-2	0	150	-2	0	151	-2	0
F_4 8.5 m	P (0)	334	0	0	333	0	0	154	0	0	154	0	0
	P (1)	334	0	0	332	-1	0	154	0	0	154	0	0
	P (2)	334	0	0	332	-1	0	154	0	0	154	0	0
	P (3)	334	0	0	332	-1	0	154	0	0	154	0	0
	P (4)	334	0	0	332	-1	0	153	-1	0	153	-1	0
	P (5)	334	0	0	332	-1	0	153	-1	0	153	-1	0

备注　$i=0$, 无工程; $i=1$, 2, 3, 4, 5, 方案编号; $DG=G_i-G_0$; (%) = ($DG/360$) * 100

表 4-5（2）　各方案东边槽涨、落潮流向变化对比统计

编号	方案 P(i)	涨潮 G[cp] Gi (°)	DG	(%)	涨潮 G[Umax] Gi (°)	DG	(%)	落潮 G[cp] Gi (°)	DG	(%)	落潮 G[Umax] Gi (°)	DG	(%)
H₁ 2.2 m	P (0)	339	0	0	340	0	0	160	0	0	160	0	0
	P (1)	85	106	29	85	105	29	85	-75	-20	85	-75	-20
	P (2)	340	1	0	340	1	0	159	-1	0	160	0	0
	P (3)	338	-1	0	338	-2	0	157	-3	0	158	-2	0
	P (4)	348	9	3	348	8	2	173	13	4	173	13	4
	P (5)	85	106	29	85	105	29	85	-75	-20	85	-75	-20
H₂ 1.7 m	P (0)	328	0	0	329	0	0	151	0	0	149	0	0
	P (1)	327	-1	0	327	-2	0	147	-4	0	145	-4	0
	P (2)	325	-3	0	325	-4	0	145	-6	-1	142	-7	-1
	P (3)	324	-4	0	324	-5	0	144	-7	-1	141	-8	-1
	P (4)	323	-5	0	322	-7	-1	139	-12	-2	135	-14	-3
	P (5)	322	-6	-1	322	-7	-1	139	-12	-2	134	-15	-3
H₃ 4.4 m	P (0)	324	0	0	323	0	0	141	0	0	143	0	0
	P (1)	324	0	0	323	0	0	141	0	0	143	0	0
	P (2)	323	-1	0	323	0	0	140	-1	0	143	0	0
	P (3)	323	-1	0	323	0	0	1	0	0	143	0	0
	P (4)	323	-1	0	322	-1	0	139	-2	0	142	-1	0
	P (5)	323	-1	0	322	-1	0	139	-2	0	142	-1	0
H₄ 4.3 m	P (0)	336	0	0	336	0	0	157	0	0	156	0	0
	P (1)	336	0	0	336	0	0	157	0	0	156	0	0
	P (2)	337	1	0	337	1	0	156	-1	0	154	-2	0
	P (3)	336	0	0	336	0	0	157	0	0	156	0	0
	P (4)	337	1	0	337	1	0	156	-1	0	154	-2	0
	P (5)	337	1	0	337	1	0	156	-1	0	154	-2	0

备注：$i=0$，无工程；$i=1$，2，3，4，5，方案编号；$DG=G_i-G_0$；（%）$=（DG/360）*100$

表 4-5 (3)　各方案交椅湾槽涨、落潮流向变化对比统计

编号	方案 P(i)	涨潮 $G[cp]$ G_i	DG	(°)(%)	涨潮 $G[Umax]$ G_i	DG	(°)(%)	落潮 $G[cp]$ G_i	DG	(°)(%)	落潮 $G[Umax]$ G_i	DG	(°)(%)
D_1 2.8 m	P (0)	332	0	0	333	0	0	156	0	0	149	0	0
	P (1)	345	13	4	347	14	4	159	3	1	160	11	3
	P (2)	336	4	1	338	5	1	156	0	0	154	5	1
	P (3)	337	5	1	338	5	1	158	2	1	151	2	1
	P (4)	355	13	6	355	22	6	162	6	2	157	8	2
	P (5)	349	17	5	350	17	5	159	3	1	156	7	2
D_2 5.1 m	P (0)	335	0	0	336	0	0	155	0	0	155	0	0
	P (1)	338	3	1	340	4	1	166	11	3	165	10	3
	P (2)	336	1	0	338	2	1	157	2	1	156	1	0
	P (3)	336	1	0	338	2	1	156	1	0	156	1	0
	P (4)	348	13	4	350	14	4	175	20	6	173	18	5
	P (5)	345	10	3	347	11	3	170	15	4	168	13	4
D_3 5.2 m	P (0)	339	0	0	341	0	0	162	0	0	162	0	0
	P (1)	332	−7	−1	335	−6	−1	160	−2	0	160	−2	0
	P (2)	337	−2	0	340	−1	0	162	0	0	162	0	0
	P (3)	337	−2	0	339	−2	0	162	0	0	162	0	0
	P (4)	326	−13	−3	329	−12	−2	160	−2	0	161	−1	0
	P (5)	319	−10	−2	331	−10	−2	163	1	0	164	2	1
D_4 6.4 m	P (0)	334	0	0	335	0	0	158	0	0	159	0	0
	P (1)	331	−3	0	332	−3	0	154	−4	0	155	−4	0
	P (2)	331	−2	0	333	−2	0	158	0	0	158	−1	0
	P (3)	332	−2	0	333	−2	0	157	−1	0	158	−1	0
	P (4)	328	−6	−1	328	−7	−1	151	−7	−1	152	−7	−1
	P (5)	328	−6	−1	328	−7	−1	152	−6	−1	154	−5	0

备注　$i=0$, 无工程; $i=1, 2, 3, 4, 5$, 方案编号; $DG=G_i-G_0$; (%) $=(DG/360) * 100$

表 4-5 (4)　各方案支椅沙涨、落潮流向变化对比统计

编号	方案 P(i)	涨潮 G[cp] G_i	DG (°)	(%)	涨潮 G[Umax] G_i	DG (°)	(%)	落潮 G[cp] G_i	DG (°)	(%)	落潮 G[Umax] G_i	DG (°)	(%)
J₁ 1.8 m	P (0)	311	0	0	312	0	0	125	0	0	118	0	0
	P (1)	320	9	3	322	10	3	126	1	0	119	1	0
	P (2)	313	2	1	315	3	1	126	1	0	118	0	0
	P (3)	314	3	1	315	3	1	125	0	0	118	0	0
	P (4)	328	17	5	330	18	5	127	2	1	120	2	1
	P (5)	325	14	4	327	15	4	127	2	1	120	2	1
J₂ 1.1 m	P (0)	318	0	0	323	0	0	145	0	0	135	0	0
	P (1)	329	11	3	333	10	3	150	5	1	139	4	1
	P (2)	322	4	1	326	3	1	145	0	0	136	1	0
	P (3)	322	4	1	327	4	1	146	1	0	136	1	0
	P (4)	337	19	5	340	17	5	153	8	2	143	8	2
	P (5)	334	16	4	338	15	4	150	5	1	141	6	2
J₃ 1.5 m	P (0)	323	0	0	327	0	0	150	0	0	145	0	0
	P (1)	326	3	1	329	2	1	159	9	3	152	7	2
	P (2)	325	2	1	329	2	1	151	1	0	146	1	0
	P (3)	325	2	1	329	2	1	151	1	0	146	1	0
	P (4)	329	6	2	332	5	1	165	15	4	159	14	4
	P (5)	330	7	2	333	6	2	161	11	3	156	11	3
J₄ 2.8 m	P (0)	327	0	0	330	0	0	152	0	0	150	0	0
	P (1)	322	-5	0	325	-5	0	157	5	1	156	6	2
	P (2)	327	0	0	329	-1	0	152	0	0	151	1	0
	P (3)	326	-1	-1	329	-1	0	152	0	0	151	1	0
	P (4)	320	-7	-1	323	-7	-1	164	12	3	163	13	4
	P (5)	324	-3	0	326	-4	0	164	12	3	162	12	3

备注　$i=0$, 无工程; $i=1$, 2, 3, 4, 5, 方案编号; $DG=G_i-G_0$; (%) = $(DG/360)$ * 100

表4-5 (5)　各方案伶仃洋北段涨、落潮流向变化对比统计

编号	方案 P(i)	涨潮 G[cp] G_i	G[cp] DG (°)	G[cp] (%)	涨潮 G[Umax] G_i	G[Umax] DG (°)	G[Umax] (%)	落潮 G[cp] G_i	G[cp] DG (°)	G[cp] (%)	落潮 G[Umax] G_i	G[Umax] DG (°)	G[Umax] (%)
L_1 8.5 m	P (0)	341	0	0	340	0	0	160	0	0	160	0	0
	P (1)	340	−1	0	339	−1	0	160	0	0	160	0	0
	P (2)	341	0	0	339	−1	0	160	0	0	160	0	0
	P (3)	340	−1	0	339	−1	0	160	0	0	160	0	0
	P (4)	340	−1	0	339	−1	0	160	0	0	160	0	0
	P (5)	340	−1	0	339	0	0	160	0	0	160	0	0
L_2 8.5 m	P (0)	342	0	0	339	0	0	161	0	0	162	0	0
	P (1)	342	0	0	339	0	0	161	0	0	162	0	0
	P (2)	342	0	0	339	0	0	161	0	0	162	0	0
	P (3)	342	−1	0	339	0	0	161	0	0	162	0	0
	P (4)	341	−1	0	339	0	0	161	0	0	162	0	0
	P (5)	341	0	0	339	0	0	158	0	0	162	0	0
L_3 8.5 m	P (0)	341	−1	0	338	0	0	156	0	0	160	0	0
	P (1)	340	−1	0	338	0	0	158	0	0	160	0	0
	P (2)	340	−1	0	338	0	0	158	0	0	160	0	0
	P (3)	340	−1	0	337	−1	0	158	0	0	159	−1	0
	P (4)	340	0	0	337	−1	0	158	0	0	159	−1	0
	P (5)	340	0	0	345	0	0	162	0	0	163	0	0
L_4 8.5 m	P (0)	346	0	0	345	0	0	162	0	0	162	−1	0
	P (1)	346	0	0	345	0	0	162	0	0	63	0	0
	P (2)	346	0	0	345	0	0	162	0	0	163	−1	0
	P (3)	346	−1	0	344	−1	0	161	−1	0	162	−1	0
	P (4)	346	0	0	344	−1	0	161	0	0	162	−1	0

备注：$i=0$，无工程；$i=1，2，3，4，5$，方案编号；$DG=G_i-G_0$；$(\%) = (DG/360) * 100$

3）交椅湾深槽

交椅湾深槽是宝安综合港区规划中最重要的水域，其动力环境的变化直接影响规划港区的水深利用前景。计算结果显示：方案二和方案三对该深槽的潮流动力基本没有影响，方案四和方案五则对该水域的潮流分布有较大的调整改变，具体表现在该深槽的北段（D_1、D_2 点）流速衰减明显，流向变幅亦大；南段的 D_3 点流速增加比较显著，流向改变亦比较大，D_4 点流速又趋于减小。这一变化结果与前述矾石水道的变化情况是相互关联的。它突出反映出方案四、方案五对深槽水流动力环境有较大的改变作用。方案一由于人工岛的局部影响，对该深槽的涨、落潮流亦有相似的调整作用，不过其影响的幅度比方案四、方案五要小一些。

4）交椅沙浅滩

与交椅湾深槽的情况类似，交椅沙浅滩的水流变化亦以方案四的影响为最大，方案五次之，方案一再次之，方案二和方案三则影响最小。该浅滩的涨潮流受工程影响比较明显，表现为流速增大、流向呈顺时针偏转，落潮流主要在 J_4 点（交椅沙头部）出现流速增大、流向西偏的现象。

5）伶仃水道北段

该水道远离港区，其涨落潮基本不受工程方案的影响，微小的变化仅在与矾石水道交汇处（L_1、L_2 点）有所反映，因变幅很小，我们认为规划港区不会对该水道的潮流动力产生有意义的影响。

4.4.2 港区水域流态变化

图 4-14 至图 4-18 分别是模型计算出的各方案涨、落潮平面流态。从这些流态图中我们可以观察到如下几个特点：

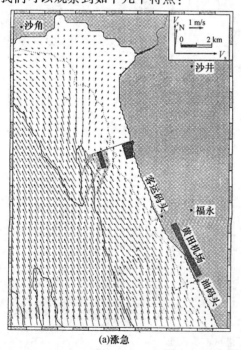
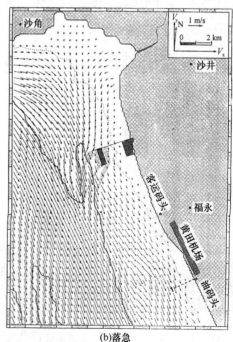

(a)涨急　　　　　　　　(b)落急

图 4-14 方案一港区潮流流态

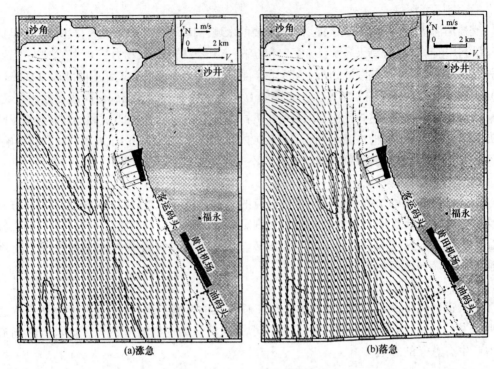

图 4-15　方案二港区潮流流态

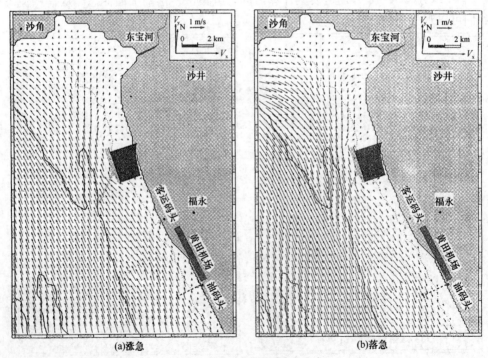

图 4-16　方案三港区潮流流态

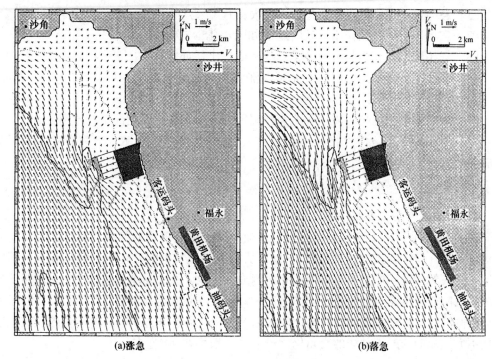

图 4-17　方案四港区潮流流态

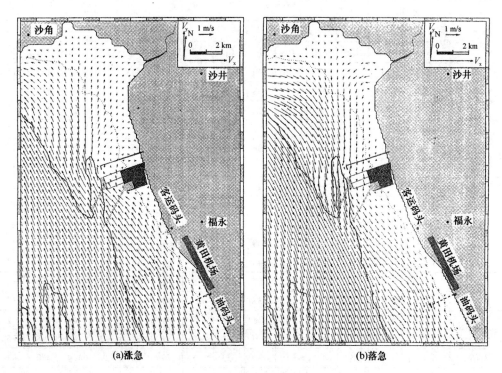

图 4-18　方案五港区潮流流态

（1）各方案航道中的水流偏角都比较大；

（2）实体码头的挑流作用比较明显（如图4-15与图4-16比较）；

（3）栈桥阻水效应与其桩数及排列疏密成正比（如图4-17与图4-18比较）；

（4）岸线突变处易发生回流，尤其在涨潮期间更为显著［如图4-15（a）、图4-16（a）及图4-18（a）］；

（5）各方案港池均匀弱流区，流速减幅因方案布置形式不同而略有差别；

（6）除了人工岛方案（图4-14）以外，各方案对东岸边滩水流都有一定的调整影响。

4.4.3　港池、航道水流变化

1）人工岛方案（方案一）

表4-6（1）列出了该方案实施前后港池、航道涨、落潮期间平均流速、流向的变化对比结果。表中各点位置参见图4-12，从表中各栏数据的变化中，我们看到，不管是液化码头的港池，还是人工岛内、外两侧泊位港池，涨、落潮流速都发生比较明显的衰减，流向亦发生相应的改变，大体呈逆时针偏转。而航道水流情况则不一样，除了人工岛内侧泊位的航道水流落潮减弱比较大以外，液化码头和人工岛外侧泊位的航道流速变化不大，流向与航道轴线的交角仍比较大（一般均在40°左右）。

表4-6（1）　方案一　港池、航道流速流向变化统计

编号	水深（m）		涨潮						落潮					
			Ucp（cm/s）			Gcp（°）			Ucp（cm/s）			Gcp（°）		
	n	p	Un	Up	dU	Gn	Gp	dG	Un	Up	dU	Gn	Gp	dG
P101	3.8	6.3	43	24	−19	339	348	9	78	41	−37	159	176	17
P102	4.0	6.3	44	36	−8	338	324	−14	79	40	−39	158	155	−3
P103	4.2	6.3	45	40	−5	338	326	−12	82	44	−38	158	154	−4
P104	4.8	6.3	4.	44	−3	337	329	−8	85	72	−13	158	157	−1
P105	5.8	6.3	49	50	1	336	329	−7	88	86	−2	157	157	0
P106	6.1	6.3	50	52	2	336	329	−7	88	93	5	158	158	0
P107	6.1	6.3	51	51	0	337	331	−6	87	94	7	159	160	1
P108	6.2	6.3	51	50	−1	336	329	−7	83	88	5	160	160	0
P109	3.0	5.4	42	13	−29	340	340	0	70	19	−51	159	159	0
P110	3.1	5.4	42	13	−29	340	338	−2	69	16	−53	160	160	6
P111	3.1	5.4	43	18	−25	340	334	−6	68	15	−53	160	156	−4
P112	2.5	5.4	45	23	−22	337	329	−8	72	17	−55	159	155	−4
P113	3.7	5.4	47	48	1	337	321	−16	80	42	−38	160	152	−8
P114	5.3	5.4	49	47	−2	338	327	−11	84	72	−12	161	154	−7
P115	5.9	5.9	50	48	−2	339	331	−8	84	81	−3	163	158	−5
P116	6.1	6.1	49	48	−1	338	333	−5	76	76	0	164	160	−4
P117	0.9	5.0	42	14	−28	344	331	−13	44	15	−29	165	152	−13

编号	水深（m）		涨潮						落潮					
			Ucp（cm/s）			Gcp（°）			Ucp（cm/s）			Gcp（°）		
	n	p	Un	Up	dU	Gn	Gp	dG	Un	Up	dU	Gn	Gp	dG
P118	1.0	5.0	41	12	−29	343	337	−6	42	13	−29	162	156	−6
P119	0.9	5.0	46	13	−33	341	341	0	45	16	−29	162	160	−2
P120	0.9	5.0	48	16	−32	337	335	13	48	20	−28	159	170	11
P121	2.2	5.0	51	17	−34	335	327	−8	54	15	−39	158	176	18
P122	2.6	5.0	46	36	−10	333	322	−11	69	25	−44	157	150	−7
P123	3.4	5.0	47	39	−8	332	326	−6	75	47	−28	157	149	−8
P124	4.4	5.0	47	44	−3	334	329	−5	77	62	−15	159	153	−6
备注							"n" ——无工程；"P" ——方案；dU=Up−Un；dG=Gp−Gn						

2）大顺岸线桥式方案（方案二）

表 4-6（2）是方案二港池、航道流速和流向变化的统计结果，港池的涨、落潮流速都大幅度降低；航道流速则变化不大，流向变化亦不大，与航道交角仍有 40°左右。

表 4-6（2）　方案二　港池、航道流速流向变化统计

编号	水深（m）		涨潮						落潮					
			Ucp（cm/s）			Gcp（°）			Ucp（cm/s）			Gcp（°）		
	n	p	Un	Up	dU	Gn	Gp	dG	Un	Up	dU	Gn	Gp	dG
P201	0.9	6.3	40	14	−26	349	352	3	44	19	−25	174	175	1
P202	0.7	6.3	36	9	−27	345	346	1	48	10	−38	169	166	−3
P203	0.6	5.4	32	9	−23	343	345	2	41	14	−37	163	163	0
P204	0.6	5.4	39	12	−27	344	349	5	37	14	−23	163	170	7
P205	0.5	5.4	45	12	−33	341	343	2	42	14	−28	163	159	−4
P206	0.5	5.4	45	12	−33	336	350	14	40	13	−27	158	170	12
P207	0.5	3.0	46	15	−31	332	325	−7	40	17	−23	154	147	−7
P208	0.5	3.0	50	19	−31	329	339	10	43	19	−24	152	166	14
P209	1.8	5.4	53	39	−14	334	345	11	56	39	−17	158	174	16
P210	3.2	5.4	47	48	1	332	332	0	72	54	−18	156	163	7
P211	3.8	5.4	48	45	−3	334	332	−2	77	73	−4	159	161	2
P212	5.8	5.8	51	51	0	337	336	−1	80	81	1	163	63	0
备注							"n" ——无工程；"P" ——方案；dU=Up−Un；dG=Gp−Gn						

3）大顺岸实体式方案（方案三）

方案三港池、航道的水流变化趋势与方案二基本相同，只是港池流速减幅更大一些，其差别主要是实体码头不透水，码头两端挑流作用更大一些的缘故。具体数据见表 4-6（3）。

表4-6（3）　　方案三　港池、航道流速流向变化统计

编号	水深（m）		涨潮						落潮					
			Ucp（cm/s）			Gcp（°）			Ucp（cm/s）			Gcp（°）		
	n	p	Un	Up	dU	Gn	Gp	dG	Un	Up	dU	Gn	Gp	dG
P301	0.9	6.3	40	10	−30	349	346	−1	44	15	−29	174	171	−3
P302	0.7	6.3	36	7	−29	345	346	1	48	9	−39	169	164	−5
P303	0.	5.4	32	8	−24	343	346	3	41	10	−31	163	165	2
P304	0.6	5.4	39	8	−31	344	345	1	37	10	−27	163	164	1
P305	0.5	5.4	42	9	−36	341	345	4	42	10	−32	163	164	1
P306	0.5	5.4	45	8	−37	336	347	11	40	9	−31	158	167	9
P307	0.5	3.0	46	9	−37	332	341	9	40	11	−29	154	162	8
P308	0.5	3.0	50	16	−34	329	337	8	43	15	−28	152	161	9
P309	1.8	5.4	53	37	−16	334	344	10	56	38	−18	158	172	14
P310	3.2	5.4	47	40	−7	332	330	−2	72	60	−12	156	162	6
P311	3.8	5.4	48	45	−3	334	331	−3	77	73	−4	159	160	1
P312	5.8	5.8	51	51	0	337	335	−2	80	81	1	163	162	−1
备注		"n"——无工程；"P"——方案；dU=Up−Un；dG=Gp−Gn												

4）顺岸加长栈桥方案（方案四）

由于长栈桥多达5排，阻水作用明显，使得港池流速大幅度减小。液化码头前沿水域因靠近深槽，水流衰减不大，航道流速亦改变较小。表4-6（4）列出了方案四涨落潮平均流速、流向的变化结果。

表4-6（4）　　方案四　港池、航道流速流向变化统计

编号	水深（m）		涨潮						落潮					
			Ucp（cm/s）			Gcp（°）			Ucp（cm/s）			Gcp（°）		
	n	p	Un	Up	dU	Gn	Gp	dG	Un	Up	dU	Gn	Gp	dG
P401	5.7	6.3	54	37	−17	337	329	−8	74	48	−26	158	166	8
P402	5.8	6.3	56	50	−6	336	331	−5	76	61	−15	157	165	8
P403	6.3	6.3	60	53	−7	335	331	−4	77	90	13	157	163	6
P404	6.5	6.5	52	48	−4	333	329	−4	80	81	1	158	171	13
P405	4.0	5.4	46	6	−40	338	333	−5	81	8	−73	159	213	54
P406	4.3	5.4	46	21	−25	339	329	−10	80	19	−61	161	165	4
P407	4.2	5.4	47	24	−23	338	333	−5	80	24	−56	161	176	15
P408	4.0	5.4	48	24	−24	336	342	6	81	22	−59	159	171	12
P409	4.3	5.4	48	52	4	335	306	−29	81	33	−48	159	146	−13
P410	5.5	5.5	49	49	0	338	320	−18	83	62	−21	162	153	−9
P411	6.3	6.3	49	49	0	338	325	−13	78	70	−8	163	156	−7
P412	6.4	6.4	51	50	−1	337	327	−10	76	74	−2	164	157	−7
备注		"n"——无工程；"P"——方案；dU=Up−Un；dG=Gp−Gn												

5）长栈桥加小港池方案（方案五）

由于方案五的栈桥比方案四减少了两排，且液化码头与其分离，因此港池内的水流减幅比方案四要小。该方案的最大问题是挖入式港池存在比较强的回流，反映在表 4-6（5）中 P507 至 P510 点的流速几乎为零，另外该港池的航道流速在落潮期间减幅很大，主要是上游一侧栈桥阻水的影响所致。

表 4-6（5）　方案五　港池、航道流速流向变化统计

| 编号 | 水深（m） | | 涨潮 | | | | | | 落潮 | | | | | |
| | | | U_{cp}（cm/s） | | | G_{cp}（°） | | | U_{cp}（cm/s） | | | G_{cp}（°） | | |
	n	p	U_n	U_p	dU	G_n	G_p	dG	U_n	U_p	dU	G_n	G_p	dG
P501	5.8	5.9	43	27	-16	339	337	-2	78	38	-40	159	166	7
P502	5.7	5.9	44	42	-21	338	334	-4	79	37	-42	158	162	4
P503	4.7	5.4	45	32	-13	338	337	-1	28	42	-40	158	169	11
P504	4.9	5.4	47	31	-16	337	339	2	85	38	-47	158	170	12
P505	5.1	5.4	49	49	0	336	327	9	88	49	-39	157	161	4
P506	5.8	5.8	50	56	6	336	326	-10	88	92	4	158	161	3
P507	0.1	5.0	51	1	-50	337	292	-45	871	1	86	159	93	-66
P508	0.4	5.0	51	0	-51	336	339	3	83	1	-82	160	132	-28
P509	0.5	5.0	42	2	-40	340	45	65	70	1	-69	159	208	49
P510	0.7	5.0	42	2	-40	340	14	34	69	1	-66	160	176	16
P511	1.2	5.0	43	15	-28	340	340	0	68	14	-54	160	176	16
P512	2.0	5.0	45	26	-19	337	319	-18	72	18	-54	159	162	3
P513	2.7	5.0	47	41	-6	337	317	-20	80	22	-58	160	145	-15
P514	3.2	5.0	49	47	-2	338	323	-15	84	34	-50	161	144	-17
P515	3.5	5.0	50	45	-5	339	325	-14	84	52	-32	163	147	-16
备注	"n" ——无工程；"P" ——方案；$dU = U_p - U_n$；$dG = G_p - G_n$													

4.5　本章小结

采用 ADI 法差分格式和嵌套网格技术建立的"伶仃洋—交椅湾平面二维潮流数学模型"经过实测水文资料的验证，保证了模型与天然的相似，用其进行宝安综合港区规划方案的工程潮流计算是可行的。

天然流场的计算结果表明，港区所在海域的潮流场具有深槽流速大、浅滩流速小、深槽落潮流强、边滩涨潮流强的特点，并且边滩的潮波相应早于主槽。因此港区所在水域在转流期间会发生比较明显的环流。

方案计算成果分析表明：对边滩水流来讲，方案一影响最小，方案四影响最大，方案二、方案三引起下游边滩的涨潮流有所减弱，落潮流有所增强；对交椅湾深槽而言，

亦是方案四所引起的水流变化最大，方案五次之，方案一再次之，方案二、方案三几乎无影响；各方案对矾石水道以及伶仃水道的水流动力环境基本没有什么影响，个别方案对交椅沙头部的水流有较大改变，需要引起注意。

各方案实施后港池水流均成为弱流区，主要原因是码头两端挑流所致，航道流速一般变化不大，但水流与航道夹角均超过 40°，不利于航道水深的维护。

从水流条件比较，方案一除了人工岛内侧港池、航道水流条件稍差及对交椅湾深槽尾部流速减小影响稍大以外，其他方面均比较好，主要体现在对周围水域影响较小，港池靠近深槽，潮流动力较强等方面；方案四的不足主要是造成周围水域的滩槽动力环境有较大的改变；方案五最不利的情况是挖入式港池回流的存在，并且相应的航道水流动力减弱明显；方案二、方案三对交椅湾深槽动力环境影响最小，但对下游邻近客运码头边滩的潮流略有影响，在浅滩上开挖出的港池水流减弱是不可避免的结果，航道流速则变化不大。

综上所述，我们认为，从水动力环境的角度分析，方案一条件相对较优，方案二、方案三情况也不错。当然，如果进一步优化，可能还会有更合理的布置形式。第 5 章将从泥沙回淤的角度对各方案的优劣作进一步比较论证。

5　港区泥沙及回淤计算分析

5.1　港区泥沙

5.1.1　历史上测量资料

1）伶仃洋航道选线测验资料

伶仃洋是广州港出海航道必经之地，有伶仃西航道（又称伶仃航道）及伶仃东航道（又称矾石水道）可以选择。宝安港区位于矾石水道上口东侧，港区的泥沙情况与矾石水道的泥沙息息相关。1975 年广州航道局设计研究所在进行伶仃洋航道选线时曾测得东、西航道涨潮和落潮平均含沙量的对比值，如表 5-1 所示，表中数值表明，矾石水道洪、枯季涨潮和落潮的平均含沙量为 0.143 kg/m³。

表 5-1　洪、枯季（1975）伶仃航道与矾石水道含沙量对照　　　　（单位：kg/m³）

日期	伶仃航道		矾石水道	
	涨潮	落潮	涨潮	落潮
1975 年 3 月	0.176	0.156	0.143	0.133
（枯季）	0.110	0.094	0.023	0.014
1975 年 7 月	0.550	0.300	0.220	0.250
（洪季）	0.505	0.535	0.207	0.150
枯季平均	0.134		0.078	
洪季平均	0.473		0.207	
洪、枯平均	0.303		0.143	

2）卫片遥感同步解译资料

利用卫片，通过地面取样标定后进行解译分析，可以取得大面积（30 m × 30 m 为一像点）的含沙量资料，南京水利科学研究院河港研究所在进行赤湾港的研究中，曾取得若干时期的卫星遥感图片，解译后得到伶仃洋大面积的含沙量资料。由于宝安港区处于伶仃洋东滩，故取东滩与西滩的表面含沙量进行比较，见表 5-2。由表中可见，东滩表面的平均含沙量为 0.170 kg/m³。

表 5-2　伶仃洋东、西滩表面遥感测定含沙量　（单位：kg/m³）

日期	时间	西滩表面含沙量	东滩表面含沙量
1978.8.11	大潮涨憩	0.40	0.10
1986.7.30	大潮落急	0.12~0.20	0.06~0.08
1980.10.13	中潮涨急	0.25~0.30	0.10
1977.2.10	中潮落急	0.40	0.40
平均		0.31	0.17

3）广州黄埔出海航道预可研究测验资料

1988 年，在进行广州黄埔出海航道的研究中，曾在伶仃航道及矾石水道进行过同步水文泥沙测验，但实测的含沙量值偏小，伶仃航道与矾石水道的含沙量值相差不远（表 5-3）。有意义的是洪季平均含沙量为枯季平均含沙量的 1.75 倍，这代表着一般年份的情况，而 1975 年洪季的实测值远大于枯季的实测值（见表 5-1）。

表 5-3　1988 年伶仃水道与矾石水道含沙量比较　（单位：kg/m³）

时间		伶仃水道	矾石水道	平均
洪季	大潮	0.151	0.109	0.102
	小潮	0.090	0.056	
枯季	大潮	0.057	0.070	0.058
	小潮	0.059	0.046	
平均		0.089 3	0.070 3	

5.1.2　近期测验资料

1）三点同步实测流速、含沙量及输沙量统计

为了取得建港区域的资料，1997 年 3 月 9 日 16：00 至 3 月 10 日 16：00 在矾石水道东侧浅滩上 A、B、C 三垂线进行同步流速、流向、含沙量的测量。根据测量的数据，可分别计算得涨潮和落潮的平均流速、平均流量、输沙量及其方向以及平均含沙量，如表 5-4 所示，水流的矢量合成方向与输沙方向基本一致。A、B、C 三点基本上是往复流。涨、落潮的合成方向在 180°±15° 的范围内。除 C 点最后落潮因边滩先涨致使落潮少一个小时导致涨潮单宽平均流量大于落潮的单宽平均流量外，其余 A 点、B 点及 C 点其他时间均是落潮的单宽平均流量大于涨潮的单宽平均流量。输沙量关系也与流量关系相同，见表 5-5。含沙量与平均水深也有关系，见表 5-6。

表 5-4　宝安港区附近水文泥沙测验统计成果

位置	1993年3月9日19:00—24:00 涨潮						3月10日1:00—7:00 涨潮						3月10日8:00—13:00 涨潮						3月10日14:00—16:00 3月9日16:00—18:00 落潮					
	V_m	D_v	W_s	D_s	Q_m	S_m	V_m	D_v	W_s	D_s	Q_m	S_m	V_m	D_v	W_s	D_s	Q_m	S_m	V_m	D_v	W_s	D_s	Q_m	S_m
A	0.447	347.8	8.761	347.0	2.711	0.149 6	0.660	157.3	12.497	156.8	3.340	0.148 5	0.409	344.7	10.107	345.1	2.328	0.201 0	0.582	153.4	7.820	153.3	2.873	0.126 1
B	0.558	340.2	17.560	340.1	5.441	0.149 4	0.706	165.4	23.410	166.1	5.504	0.168 7	0.486	340.5	11.102	340.6	4.384	0.117 2	0.599	157.7	10.991	157.8	4.875	0.104 9
C	0.545	323.1	8.160	323.1	2.328	0.162 3	0.420	142.8	6.589	141.5	1.541	0.169 7	0.370	323.2	6.887	322.1	1.977	0.193 6	0.350	138.2	3.419	134.8	1.174	0.115 5

注: V_m——平均流速（m/s）; D_v——合成流速方向（°）; W_s——单宽输沙总量（t）; D_s——输沙方向（°）; Q_m——单宽平均流量（m³/s）; S_m——平均含沙量（kg/m³）。

表 5-5　总输沙量比较

位置	总输沙量 Ws（t）	
	涨潮	落潮
A	18.868	20.317
B	28.662	34.392
C	15.047	10.008

表 5-6　平均水深与涨、落潮平均含沙量比较

项目	A	B	C
平均水深（m）	5.452	8.648	3.744
平均含沙量（kg/m³）	0.158 6	0.137 4	0.161 8

2）测验期间潮汐情况分析

水文测验时间是 3 月 9—10 日（阳历），阴历为二月初一至初二，属大潮潮型，测验期间的赤湾站潮位过程线如图 5-1 所示，其中 9 日 22：25 至 10 日 5：30 落潮潮差最大，达 2.52 m，两涨两落的平均潮差为 1.97 m，比舢舨州站年平均潮差（1.74 m）大 1.132 倍。图中有⊙点代表最大流速发生的时间，与高、低潮位相比较，最大涨潮流流速在高潮位前 1.0~2.0 h 出现，最大落潮流流速则在低潮位前 1.0~2.5 h 出现，涨潮的平均水位（或水深）远大于落潮的，潮波接近于前进波形。

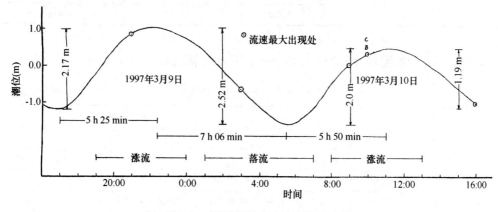

图 5-1　测验期间赤湾站潮位过程线

3）泥沙采样粒径分析

水文测验期间港区取 40 个样品及 A、B、C 共 43 个泥沙进行分析，结果显示，泥沙类别由粉砂质黏土至中砂，Φ 值为 1.03~9.3，$d_{50}=0.001\ 59~0.489\ 7$ mm，一般为 7~8Φ，中值粒径 0.004~0.008 mm，此种泥沙遇盐水发生絮凝，沉降后易形成浮泥。

5.2　泥沙水力特性计算分析

5.2.1　港区附近泥沙起动流速

港区附近 10 号、11 号、12 号三处采样点泥沙中值粒径分别为 0.002 74 mm、0.002 5 mm 和 0.002 69 mm，平均 0.002 65 mm，属黏性强的细颗粒泥沙，以选用唐存本公式及修正后的沙玉清公式计算较符合实际。港区规划 1 000~3 000 t 船舶港池航道底高程为 −2.3~−5.9 m，加上平均潮位 1.71 m 的平均水深为 4.01~7.61 m。计算不同水深、不同容重的泥沙起动流速，结果见表 5-7。

表 5-7　港区附近泥沙起动流速

水深 （m）	泥沙湿容重 γ_w（t/m³）		起动流速 V_c（m/s）	
			唐存本公式	修正沙玉清公式
4.05	自然	1.368	1.264	1.382
	浮泥	1.118	0.411	0.514
		1.068	0.301	0.414
6.65	自然	1.368	1.396	1.501
	浮泥	1.118	0.454	0.558
		1.068	0.333	0.449
7.65	自然	1.368	1.435	1.536
	浮泥	1.118	0.467	0.571
		1.068	0.342	0.460

港区附近泥沙的容重为 1.25~1.05 t/m³，其起动流速见表 5-8。

表 5-8　不同容重时的起动流速　　　　　　　　　　（单位：m/s）

水深 （m）	γ_w （t/m³）	沙式	唐式	水深 （m）	沙式	唐式	水深 （m）	沙式	唐式
4.05	1.25	0.800	0.844	6.65	0.883	0.960	7.65	0.909	0.982
	1.20	0.636	0.723		0.703	0.785		0.923	0.804
	1.15	0.493	0.588		0.544	0.639		0.559	0.654
	1.10	0.369	0.475		0.408	0.516		0.419	0.528
	1.05	0.267	0.382		0.294	0.415		0.303	0.425

港区附近除 7~8Φ 的细颗粒黏性泥沙外，在矶石水道东侧的浅滩上，也落淤了一部分粒径较大的泥沙，从取样中得到最大的 d_{50} = 0.489 7 mm（28 号沙），另外，从 0.1~0.3 mm 8 个样品中，取平均 d_{50} = 0.188 1 mm，分别用窦国仁公式和武汉水院公式计算其起动流速，结果见表 5-9。

表 5-9　不同粒径沙子的起动流速

| d_{50} (mm) | γ_w (t/m³) | 水深 (m) | 起动流速 (m/s) | | d_{50} (mm) | γ_w (t/m³) | 水深 (m) | 起动流速 (m/s) | |
			窦式	武式				窦式	武式
0.489 7	1.957	7.65	0.474	0.501	0.188 1	1.803	7.65	0.568	0.455
		6.65	0.455	0.489			6.65	0.534	0.440
		4.05	0.403	0.451			4.05	0.434	0.395

从表 5-7 至表 5-9 看来，港区附近的黏性细颗粒泥沙当其达到自然容重后，其起动流速都大于 1.0 m/s，一般流速都难以起动，但是，当遇到风浪以后，风浪可将泥沙掀起，当其沉至床面而未至密实时，则有可能出现容重小于 1.05 t/m³ 的浮泥，其起动流速为 0.3~0.8 m/s。

另外，0.1~0.3 mm 及 0.489 7 mm 最大粒径泥沙，其起动流速都在 0.4~0.6 m/s 之间，由此可见，在刮风时，风浪对岸边地区的泥沙可起掀沙作用，但在深槽中，处于自然状态，则难以悬扬，较大粒径的粗细砂是从陆域来的，活动性强，但分布不广，选港址时应避开其沉积的区域。

5.2.2　泥沙的止动流速与沉降速度

黏性细颗粒泥沙的止动流速与沉降速度的极限数值可以絮凝当量粒径 0.03 mm 来考虑，当温度 15℃时，用武汉水院公式计算得沉降速度为 0.051 8 cm/s；止动流速用窦国仁公式计算为 0.049 m/s，用沙玉清公式计算为 0.283 m/s（水深 $H=6$ m 时），两者有一定差别。

由上分析，可以理解为当流速大于起动流速（0.3~0.8 m/s）时，刚沉降淤积的泥沙可以运动；当流速大于 1.3 m/s 时，自然淤积的泥沙可被冲刷；当流速小于 0.05 m/s 时，则泥沙完全处于淤积状态。

5.3　常年期的回淤预报及计算参数

5.3.1　计算方法

1）航道的计算

河口航道开挖后的回淤主要与水流特性、泥沙特性及航道尺度有关，可用下列公式进行估算

$$P = \frac{\alpha\omega_f ST}{\gamma_c}\left[1 - \left(\frac{V_2}{V_1}\right)^2\frac{H_1}{H_2}\right]\frac{1}{\cos n\theta} \tag{5-1}$$

式中，P 为 T 时间（一般以全年的秒数计，s）的淤积厚度；α 为泥沙沉降概率；ω_f 为泥沙的絮凝沉降速度，与水体的盐度有关；S 为年平均含沙量；γ_c 为淤积泥沙的干容重；H_1、H_2、V_1、V_2 分别为开挖前、后的平均水深和平均流速；θ 为水流方向与航道轴向的交角；n 为转向系数。

航道开挖第一年，淤积强度和淤积总量都有所增大，根据过去伶仃西航道、莲花山

航道和其他航道的观测，其淤积厚度为

$$P = \frac{\alpha\omega_f ST}{\gamma_c}\left[1 - \left(\frac{H_1}{H_2}\right)^3\right]\frac{1}{\cos n\theta} \tag{5-2}$$

2）港池的计算

在河口沿岸建港，开挖港池与开挖航道情况，原则上仍可使用式（5-1）计算，但此时 $\cos n\theta = 1$，淤积强度的公式可写为

$$P_s = K_m K_s S\left[1 - \left(\frac{V_2}{V_1}\right)^2 \frac{H_1}{H_2}\right]\frac{1}{\cos n\theta} \tag{5-3}$$

式中，P_s 为淤积厚度；S 为含沙量；$K_s = \dfrac{\alpha\omega_f ST}{\gamma_c}$；$K_m$ 为校正的经验系数，取值 1.3~1.6，当有回流时，可增至 3.0~3.5 倍。

5.3.2　计算参数的确定

1）含沙量

5.1 节已对港区的泥沙作了分析，由于港区规划各方案中有从岸滩延至 6.0 m 深槽，根据塘沽新港、连云港多年实测的经验，含沙量随水深变浅而有所增加，我们曾根据塘沽新港测验的资料，分析得到

$$S_H = S_{H_0}\exp\left(-0.5\frac{H - H_0}{H_c}\right) \tag{5-4}$$

式中，H_0 为岸边水深（m）；H 为离岸边远处水深（m）；S_{H_0}、S_H 分别为 H_0 及 H 水深处的含沙量（kg/m³）。

宝安港 1997 年 3 月 9—10 日 A、B、C 三测站的平均含沙量与平均水深也有类似关系（图 5-2），虽然站位不多，但适配后可用下式近似计算：

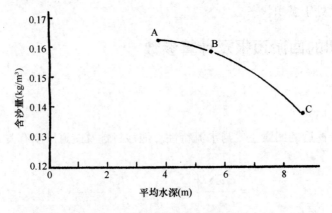

图 5-2　平均含沙量与水深关系

$$S_H = S_{H_0}\exp\left(-0.12\frac{H - H_0}{H_0}\right) \tag{5-5}$$

计算值与实测值的比较见表 5-10。

表 5-10　宝安港区附近含沙量

测点	A	B	C
平均水深 H（m）	5.452	8.648	3.744
实测平均含沙量（kg/m³）	0.158 6	0.137 4	0.161 8
拟线计算含沙量（kg/m³）	0.153 2	0.138 3	0.161 8

赤湾站的年平均潮差为 1.37 m，大虎站为 1.69 m，舢舨洲站 1.64 m，内伶仃岛 1.34 m，从河口的纵向位置比较，宝安港区与舢舨洲站大致接近。按距离比例计算，水文测验期间给出赤湾站的涨、落潮平均潮差 1.97 m，计算到港区的平均潮差为 2.46 m，港区的年平均潮差为 1.62 m。

水文测验期间为初一、初二大潮，其潮差为年平均潮差的 1.97/1.37 = 1.438 倍。根据过去实测资料分析，在枯水季节，伶仃洋大潮与小潮含沙量的差别不如洪水季节它们之间的差别明显。此次测验正值枯水期，可近似假定水流含沙量与潮差成正比，故此次测验值除以 1.438 即为枯水季节平均含沙量，又根据表 5-3 洪季含沙量为枯季含沙量的 1.75 倍，年平均含沙量以洪、枯季的平均计算，则此次测验含沙量的 0.956 倍相当于年平均的含沙量，按式（5-5）计算，不同水深的含沙量如表 5-11 所示。

表 5-11　港区不同水深的年平均含沙量（无风时）

平均水深（m）	10	9	8	7	6	5	4	3	2	1
平均含沙量（kg/m³）	0.126	0.131	0.135	0.140	0.144	0.148	0.153	0.159	0.163	0.169

表 5-11 是无风天的含沙量，计算航道回淤时应考虑有风时增加的含沙量。

取伶仃洋水下地形图分别量取对港区有影响的各风向的平均水深、吹程，然后用规范法、SMB 法、莆田法、井岛法及苏联斯特卡洛夫法，计算各方向的波高，取其平均值，得到平均风速与最大风速时的平均波高如表 5-12 所示。

表 5-12　不同方向的波高

方向	平均水深（m）	吹程（m）	平均风速（m/s）	频率（%）	最大风速（m/s）	平均风速时的平均波高（m）	最大风速时的平均波高（m）
SSW	5.02	30 000	5.0	3	20	0.24	0.88
SW	3.92	24 950	3.0	6	22	0.11	0.82
WSW	4.28	16 150	4.7	1	12	0.19	0.48
W	5.86	11 250	2.7	7	10	0.08	0.40
WNW	6.61	15 850	5.0	4	15	0.21	0.67
NW	3.68	4 150	4.1	7	13	0.10	0.34
N	1.21	6 850	3.4	8	12	0.08	0.24
NWN	1.50	8 550	3.8	5	13	0.10	0.30
S	7.28	62 650	4.5	3	9	0.26	0.59
SSE	4.61	27 500	4.9	3	13	0.23	0.59

年平均波高可用下式计算：

$$\bar{h} = \sqrt{\frac{\sum P_i h_i}{100}} \qquad (5-6)$$

由此，计算得港区的年平均波高为 0.108 m，波浪产生的轨道速度由下式近似计算：

$$V_o = 0.2 \frac{h}{H} C \qquad (5-7)$$

式中，h 为波高，H 为水深，C 为波浪传播速度，$C = \sqrt{gH}$，若天然水流产生的含沙量为 S_1（见表 5-11），由波浪引起的含沙量为 S_2，则波浪及水流合成的计算含沙量由下列两式计算：

$$S_2 = 0.027\, 3\gamma_s \frac{V_o^2}{gH} \qquad (5-8)$$

$$S_m = S_1 + S_2 + 2\sqrt{S_1 S_2} \qquad (5-9)$$

由式（5-5）至式（5-9）可计算得港区不同水深的计算含沙量如表 5-13 所示。

表 5-13　港区不同水深的含沙量

水深（m）	1	2	3	4	5	6	7	8	9	10
含沙量（kg/m³）	0.354	0.246	0.212	0.191	0.178	0.168	0.160	0.152	0.146	0.139

2）泥沙粒径

港区附近海床表面泥沙粒径较细，而且差别不大，选码头附近 10 号、11 号、12 号三个沙样 d_{50} 的平均（0.002 76+0.002 50+0.002 69）/3 = 0.002 65 mm 作为计算的粒径，当 $d_{50} = 0.002\,65$ mm 时，淤积泥沙的干容重为 $\gamma_c = 1\,750\, d^{0.183} = 519$ kg/m³。

3）泥沙沉降几率 α

由于泥沙粒径较细，取 $\alpha = 0.67$。

4）盐度

港区受盐、淡水混合的影响，在纵向上与伶仃洋拦门沙滩的位置接近，取控制计算的盐度 $S = 12$。

5）流速

流速变化及流向与航道轴向的夹角，由数学模型计算提供。

5.4　港池及航道回淤的计算结果

5.4.1　方案一

1）航道

方案一设三条航道，由南向北，分别为 50 m×5 m（50 m 为底宽，5 m 为理论深度基准面下深度）、80 m×5.4 m、80 m×6.3 m 航道，航道的起算点：80 m×6.3 m 航道为 −6.3 m 处，50 m×5 m 及 80 m×5.4 m 航道为 −6.0 m 处，航道走向 N22°，边坡 1：10，

三条航道的淤积量见表5-14至表5-16。

表5-14　方案一人工岛内侧（50 m×5 m）航道回淤量

	$B=50$	$H_2=6.71$	$SP=10$	$SL=0.012$	
X（m）	P（m/a）	P_V（m/a）	W_X（$\times10^4$ m³）	W_T（$\times10^4$ m³）	W_Z（$\times10^4$ m³）	W（$\times10^4$ m³）
350		0.14	0.02	0.07	0.07	0.07
550		0.24	0.08	0.19	0.20	0.23
650		0.33	0.23	0.36	0.30	0.62
750		0.39	0.42	0.55	0.63	1.16
850		0.43	0.64	0.77	0.89	1.76
950		0.49	0.92	1.01	1.21	2.54
1 050		0.55	1.25	1.29	1.59	3.47
1 150		0.60	1.63	1.59	2.01	4.53
1 250		0.63	2.01	1.91	2.46	5.63
1 350		0.68	2.42	2.24	2.95	6.76
1 450		0.74	2.94	2.61	3.53	8.26
1 550		0.76	3.46	3.00	4.13	9.75
1 650		0.82	4.04	3.41	4.80	11.43
1 750		0.88	4.69	3.85	5.56	13.30
1 850		0.92	5.37	4.30	6.36	15.28
1 950		0.97	6.16	4.79	7.27	17.57
2 050		0.99	7.04	5.28	8.26	20.13
2 150		1.05	8.12	5.81	9.41	23.23
2 250		1.08	9.30	6.35	10.64	26.57

P_{vm}（m/a）= 0.668；P_{vmax}（m）= 1.078

表5-15　方案一人工岛外侧（80 m×5.4 m）航道回淤量

	$B=80$	$H_2=7.11$	$SP=10$	$SL=0.012$	
X（m）	P（m/a）	P_V（m/a）	W_X（$\times10^4$ m³）	W_T（$\times10^4$ m³）	W_Z（$\times10^4$ m³）	W（$\times10^4$ m³）
250	0.05	0.08	0.04	0.06	0.06	0.12
350	0.19	0.14	0.21	0.18	0.19	0.64
450	0.28	0.19	0.46	0.33	0.36	1.44
550	0.36	0.25	0.80	0.53	0.60	2.54
650	0.44	0.30	1.24	0.77	0.90	3.95
750	0.50	0.34	1.74	1.05	1.24	5.60
850	0.51	0.36	2.26	1.34	1.61	7.30

P_m（m/a）= 0.334；P_{max}（m）= 0.510；P_{vm}（m/a）= 0.238；P_{vmax}（m）= 0.360

表 5-16 方案一液化码头（80 m×6.3 m）航道回淤量

$B = 80$ $H_2 = 8.01$ $SP = 10$ $SL = 0.012$

X（m）	P（m/a）	P_V（m/a）	W_X（×10^4 m^3）	W_T（×10^4 m^3）	W_Z（×10^4 m^3）	W（×10^4 m^3）
50	0.08	−0.05	0.07	−0.04	−0.04	0.25
150	0.19	−0.00	0.23	−0.04	−0.04	0.86
250	0.27	0.05	0.48	−0.00	0.00	1.81
350	0.37	0.08	0.84	0.06	0.08	3.23
450	0.43	0.12	1.28	0.16	0.20	5.00
550	0.50	0.18	1.81	0.30	0.39	7.12
650	0.56	0.25	2.43	0.50	0.68	9.59
750	0.60	0.34	3.13	0.77	1.07	12.34
850	0.61	0.41	3.83	1.10	1.54	15.17

P_m（m/a）= 0.399；P_{max}（m）= 0.608；P_{vm}（m/a）= 0.153；P_{vmax}（m）= 0.408

上表中，B 为航道底宽；H_2 为开挖后平均水深；SP 为边坡；SL 为计算控制含盐度；X 为里程（即航道长度，由深水至浅水）；P 为第一年回淤厚度（m/a）；P_v 为多年平均回淤厚度（m/a）；W_x 为第一年累积淤积量（×10^4 m^3）；W_T 为多年平均主槽累积淤积量（×10^4 m^3）；W_Z 为多年平均主槽及边坡累积淤积量（×10^4 m^3）；W 为挖方量（×10^4 m^3），未计超深超宽；P_m 为第一年平均淤积厚度（m/a）；P_{max} 为第一年最大淤积厚度（m）；P_{vm} 为多年平均淤积厚度（m/a）；P_{vmax} 为多年平均最大淤积厚度（m）。

由表 5-14 至表 5-16 可见，三条航道平均淤积厚度分别为 0.67 m/a，0.24 m/a，0.15 m/a，淤积量占挖方量的比例分别为 10.64/26.37 = 40%，1.61/7.30 = 22.1% 及 1.54/15.17 = 10.2%，后一条航道在较深处开挖，淤积量较小，这是合理的。但是，由主槽淤积量与总淤积量相比较，则发现边坡的淤积量较大，边坡的淤积量占淤积量的比例以（$W_Z - W_T$）/W_Z 计算，50 m×5 m 航道为 40.3%，80 m×5.4 m 航道为 16.8%，80 m×6.3 m 航道为 28.6%。这是因为采用较缓的边坡，50 m×5 m 航道在浅水开挖时，边坡的宽度甚至大于主槽底宽的缘故。

2）港池

港池的平均淤积厚度为：内侧港池 1.15 m/a，外侧港池 0.89 m/a，液化气码头港池为 0.6 m/a，淤积强度的分布见图 5-3。

5.4.2 方案二

航道尺度为 80 m×5.4 m，边坡 1:10，计算结果与方案三相同，透空栈桥使液化气码头前沿流速有所增大，淤积略有减小，液化气码头港池淤积 1.10 m/a，栈桥前淤积 1.24 m/a，−3.0 m 浅区因流速已减小，淤积强度亦达 1.23 m/a（图 5-4）。

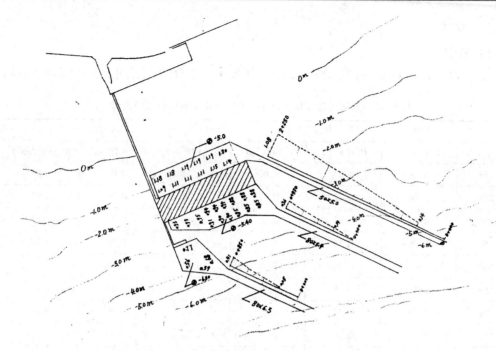

图 5-3 方案一航道与港池淤积强度分布（单位：m/a）

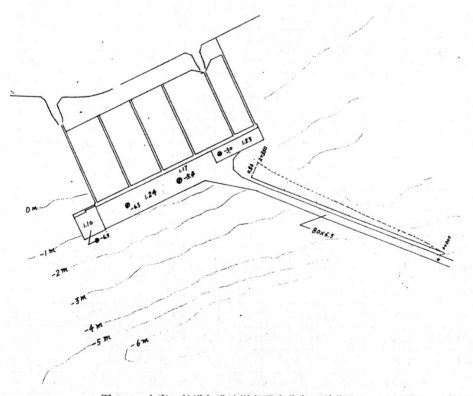

图 5-4 方案二航道与港池淤积强度分布（单位：m/a）

5.4.3 方案三

1）航道

航道尺度为80 m×5.4 m 及80 m×6.3 m，边坡1∶10，计算结果见表5-17 和表5-18。

表5-17   方案三顺岸码头港池（80 m×6.3 m）航道回淤量

X (m)	P (m/a)	P_V (m/a)	W_X (×10⁴ m³)	W_T (×10⁴ m³)	W_Z (×10⁴ m³)	W (×10⁴ m³)
	$B=80$		$H_2=8.01$	$SP=10$	$SL=0.012$	
150	0.08	0.03	0.07	0.02	0.02	0.25
250	0.20	0.07	0.25	0.08	0.09	0.91
350	0.30	0.13	0.53	0.19	0.21	1.93
450	0.38	0.18	0.89	0.33	0.38	3.30
550	0.49	0.25	1.40	0.53	0.64	5.21
650	0.53	0.28	1.98	0.75	0.95	7.40
750	0.58	0.32	2.63	1.01	1.30	9.89
850	0.63	0.36	3.36	1.29	1.72	12.65
950	0.64	0.38	4.11	1.59	2.15	15.47
1 050	0.68	0.41	4.94	1.92	2.65	18.56
1 150	0.68	0.43	5.75	2.27	3.17	21.61
1 250	0.69	0.45	6.59	2.63	3.72	24.75
1 350	0.72	0.49	7.48	3.03	4.33	28.05
1 450	0.74	0.51	8.41	3.44	4.97	31.46
1 550	0.73	0.52	9.31	3.85	5.61	34.79
1 650	0.77	0.57	10.28	4.31	6.33	38.37
1 750	0.82	0.62	11.38	4.80	7.16	42.37
1 850	0.85	0.67	12.55	5.34	8.08	46.70
1 950	0.87	0.69	13.76	5.89	9.04	51.18
2 050	0.91	0.73	15.10	6.48	10.12	56.14
2 150	0.92	0.76	16.46	7.09	11.25	61.18
2 250	0.96	0.81	17.93	7.73	12.49	66.64
2 350	0.99	0.86	19.52	8.42	13.86	72.52
2 450	1.06	0.94	21.29	9.17	15.43	78.93
2 550	1.11	1.00	23.24	9.97	17.18	85.98
2 650	1.16	1.07	25.35	10.82	19.11	93.41

P_m (m/a) = 0.712; P_{max} (m) = 1.164; P_{vm} (m/a) = 0.520; P_{vmax} (m) = 1.065

表 5-18　方案三顺岸码头港池（80 m×5.4 m）航道回淤量

X（m）	P（m/a）	P_V（m/a）	W_X（×10⁴ m³）	W_T（×10⁴ m³）	W_Z（×10⁴ m³）	W（×10⁴ m³）
B=80		H_2=7.11		SP=10		SL=0.012
350	0.07	0.04	0.06	0.03	0.03	0.18
450	0.18	0.09	0.21	0.11	0.12	0.65
550	0.32	0.17	0.51	0.24	0.27	1.58
650	0.39	0.21	0.88	0.41	0.47	2.74
750	0.45	0.24	1.32	0.61	0.71	4.16
850	0.51	0.29	1.84	0.84	1.00	5.81
950	0.53	0.31	2.38	1.08	1.31	7.52
1 050	0.58	0.35	2.99	1.36	1.68	9.46
1 150	0.57	0.37	3.59	1.66	2.07	11.36
1 250	0.59	0.39	4.21	1.97	2.48	13.34
1 350	0.62	0.44	4.89	2.32	2.96	15.46
1 450	0.64	0.46	5.59	2.68	3.46	17.68
1 550	0.63	0.46	6.27	3.05	3.96	19.82
1 650	0.68	0.51	7.03	3.46	4.53	22.19
1 750	0.74	0.57	7.90	3.92	5.20	24.92
1 850	0.78	0.63	8.84	4.42	5.96	27.95
1 950	0.80	0.65	9.83	4.94	6.76	31.11
2 050	0.86	0.70	10.95	5.50	7.66	34.69
2 150	0.87	0.73	12.08	6.08	8.61	38.35
2 250	0.91	0.77	13.33	6.70	9.66	42.37
2 350	0.96	0.83	14.69	7.37	10.84	46.78
2 450	1.04	0.91	16.23	8.10	12.20	51.66
2 550	1.09	0.98	17.94	8.88	13.74	57.12
2 650	1.15	1.05	19.81	9.72	15.45	62.91

P_m（m/a）= 0.665；P_{max}（m）= 1.148；P_{vm}（m/a）= 0.506；P_{vmax}（m）= 1.048

2）港池

港池开挖两种尺度，为-5.4 m 和-6.3 m。当开挖-5.4 m 时，近码头区平均淤积厚度为 1.28 m/a，远码头区为 1.21 m/a，西北面-6.3 m 深港池平均淤积厚度为 1.18 m/a，东南面-3.0 m 港池为 1.22 m/a，淤积分布见图 5-5；当开挖-6.3 m 时，淤积厚度略有增加，但增加量甚少。

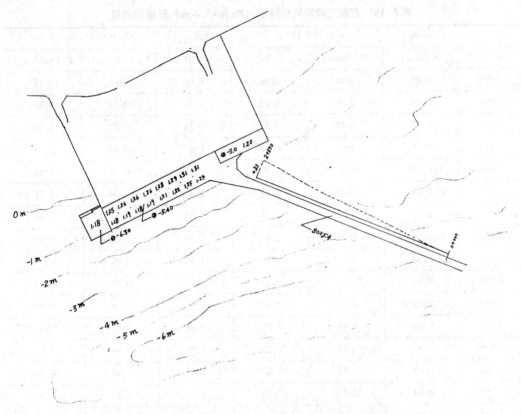

图 5-5　方案三航道与港池淤积强度分布（单位：m/a）

5.4.4　方案四

1）航道

栈桥港池（80 m×5.4 m）航道的回淤量见表 5-19。

表 5-19　80 m×5.4 m 航道的回淤量

X (m)	$B=80$	$H_2=8.01$	$SP=10$	$SL=0.012$		
	P (m/a)	P_V (m/a)	W_X (×10⁴ m³)	W_T (×10⁴ m³)	W_Z (×10⁴ m³)	W (×10⁴ m³)
250	0.05	0.28	0.04	0.22	0.23	0.12
350	0.19	0.36	0.21	0.51	0.54	0.64
450	0.29	0.43	0.47	0.85	0.92	1.44
550	0.38	0.49	0.82	1.25	1.39	2.54
650	0.45	0.54	1.27	1.68	1.92	3.95
750	0.51	0.58	1.79	2.15	2.51	5.60
850	0.52	0.59	2.32	2.62	3.12	7.30
P_m (m/a) = 0.342; P_{max} (m) = 0.521; P_{vm} (m/a) = 0.468; P_{vmax} (m) = 0.594						

2）港池

由于港池流速减小约为原有流速的 65%，平均淤积厚度为 0.79 m/a（图 5-6）。

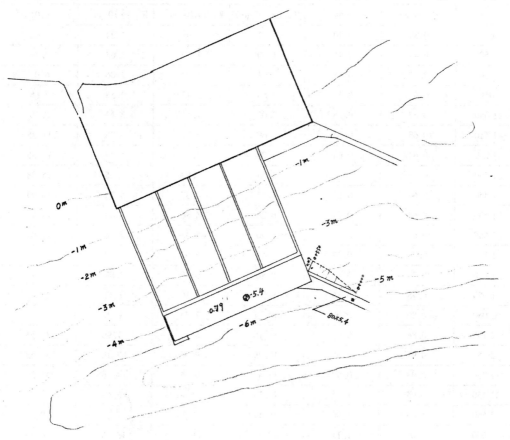

图 5-6　方案四航道与港池淤积强度分布（单位：m/a）

5.4.5　方案五

1）航道

挖入式港池航道尺度为 70 m×5 m，由-5.0 m 至岸边 0.0 m，回淤厚度和回淤量都较大，具体见表 5-20。

表 5-20　挖入式港池（70 m×5 m）航道回淤量

	$B=70$		$H_2=6.71$		$SP=10$		$SL=0.012$	
X（m）	P（m/a）	P_V（m/a）	W_X（×10^4 m³）	W_T（×10^4 m³）	W_Z（×10^4 m³）	W（×10^4 m³）
150	0.04	0.09	0.03	0.06	0.06	0.07
250	0.14	0.15	0.13	0.17	0.18	0.37
350	0.30	0.25	0.37	0.35	0.38	1.08
450	0.31	0.30	0.62	0.56	0.62	1.83
550	0.33	0.34	0.89	0.80	0.90	2.63

X (m)	P (m/a)	P_V (m/a)	W_X (×10⁴ m³)	W_T (×10⁴ m³)	W_Z (×10⁴ m³)	W (×10⁴ m³)
$B=70$		$H_2=6.71$		$SP=10$		$SL=0.012$
650	0.39	0.40	1.21	1.08	1.24	3.62
750	0.44	0.45	1.60	1.39	1.63	4.79
850	0.47	0.48	2.01	1.73	2.06	6.07
950	0.55	0.55	2.53	2.12	2.58	7.65
1 050	0.57	0.58	3.07	2.53	3.13	9.34
1 150	0.63	0.63	3.69	2.97	3.76	11.25
1 250	0.61	0.64	4.28	3.41	4.37	13.05
1 350	0.65	0.67	4.94	3.88	5.05	15.08
1 450	0.64	0.69	5.57	4.37	5.73	16.99
1 550	0.64	0.71	6.20	4.86	6.43	18.90
1 650	0.68	0.74	6.90	5.38	7.18	21.04
1 750	0.71	0.77	7.64	5.92	7.98	23.30
1 850	0.76	0.83	8.46	6.49	8.87	25.79
1 950	0.78	0.86	9.31	7.10	9.82	28.41
2 050	0.80	0.90	10.21	7.73	10.82	31.15
2 150	0.84	0.93	11.18	8.37	11.90	34.15
2 250	0.91	0.98	12.29	9.06	13.10	37.55
2 350	0.93	0.99	13.48	9.75	14.36	41.23
2 450	0.95	1.01	14.74	10.46	15.69	45.19
2 550	1.03	1.06	16.17	11.20	17.17	49.59
2 650	1.09	1.11	17.76	11.98	18.80	54.45
2 750	1.11	1.14	19.42	12.78	20.50	59.46

P_m (m/a) = 0.640; P_{max} (m) = 1.112; P_{vm} (m/a) = 0.676; P_{vmax} (m) = 1.136

栈桥式港池航道，尺度为 80 m×5.4 m，回淤量见表 5-21。

表 5-21　栈桥式港池（80 m×5.4 m）航道的回淤量

X (m)	P (m/a)	P_V (m/a)	W_X (×10⁴ m³)	W_T (×10⁴ m³)	W_Z (×10⁴ m³)	W (×10⁴ m³)
$B=80$		$H_2=7.11$		$SP=10$		$SL=0.012$
250	0.05	0.03	0.04	0.03	0.03	0.12
350	0.20	0.16	0.22	0.16	0.17	0.64
450	0.29	0.27	0.48	0.37	0.41	1.44
550	0.38	0.37	0.83	0.67	0.76	2.54
650	0.45	0.46	1.28	1.03	1.20	3.95
750	0.51	0.53	1.80	1.46	1.75	5.60
850	0.52	0.58	2.33	1.92	2.33	7.30

P_m (m/a) = 0.344; P_{max} (m) = 0.521; P_{vm} (m/a) = 0.342; P_{vmax} (m) = 0.575

2）港池

挖入式港池在浅水区开挖，数模计算中发现有回流影响，淤积较大，淤积厚度约2.0 m/a。

栈桥式码头的港池淤积厚度为 0.57～0.73 m/a，平均 0.66 m/a（方案五的淤积强度分布见图5-7）。

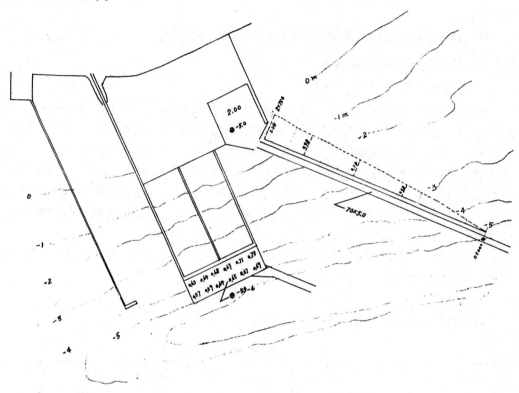

图5-7　方案五航道与港池淤积强度分布（单位：m/a）

5.5　大风期的航道骤淤估算

5.5.1　计算方法简介

5.5.1.1　波浪的计算

采用我国规范法、莆田法、美国 SMB 法、日本井岛法、苏联斯特卡洛夫方法计算来波，取其平均的有效波高为作用波高，并计算相应的周期和波长，考虑摩擦影响后近似计算得岸边浅水地区的波要素。

5.5.1.2　泥沙淤积的计算

（1）计算波浪的轨道速度、传质速度、风吹流速度以及泥沙起动流速等。

（2）根据波浪轨道速度掀沙，波浪传质速度输沙的特点推导出波浪输沙的公式。

由珠海高栏港航道泥沙试验得出的高一航模式，珠江崖门口航道泥沙试验得出的崖一航模型以及连云港、金山咀泥沙试验得出的连-金模式计算不同容重时的波浪潮流输沙量。

（3）考虑容重的影响，计算大风期间的水流含沙量。

（4）考虑悬沙及浮泥输移计算淤积厚度，淤积厚度以均匀分布在一侧边坡及航道底宽计算。

以上计算底沙的输移和淤积用 NBEDMUD 小程序包进行。

5.5.2　宝安港航道的计算结果

1）计算条件

宝安港区以 S 方向吹程最远，水深最大，当有台风来袭时，外海的波浪经折射、绕射后对港区会有影响，如考虑上述影响后的波浪场，需要建立大范围的波浪数学模型，工作量大。考虑到大风期的骤淤主要由浮泥的输移形成，一般岸边可能达极限波高，故计算中考虑在伶仃洋发生最大风速，以连续作用一昼夜计算航道的淤积强度。根据赤湾站 1982 年 1 月至 1983 年 12 月的历史资料，对宝安港有影响的最大风速为 SW 向，风速 22 m/s，但 SW 向与宝安港航道的夹角小，影响不如 S 向大。计算中选用 S 向两种风速，分别为 22 m/s 及 34 m/s（12 级）。

泥沙粒径 d_{50} = 0.002 65 mm，航道分别选 50 m×5.0 m，80 m×5.4 m，80 m×6.3 m 三种，泥沙容重为 1.05~1.25 t/m³。

2）计算结果

计算得到来波要素，如表 5-22 所示。

表 5-22　来波要素（S 方向）

吹程 （km）	风速 （m/s）	平均水深 （m）	平均波高 h（m）	有效波高 $h_{1/3}$（m）	波周期 T（s）	波长 L（m）	生成时间 （h）
62.6	22	7.28	1.27	2.03	4.75	35.25	4.11
62.6	34	7.28	1.77	2.83	5.54	47.88	3.26

计算得航道淤积厚度，如表 5-23 所示。

表 5-23　大风期航道的骤淤强度

风速 （m/s）	航道尺度（m）			水深范围 （m）	泥沙容重 （t/m³）	悬沙含量 （kg/m³）	浅水波高 （m）	淤积厚度 （m/d）
	底宽	底高	边坡					
22	80	6.3	1:10	2.0~6.0	1.05~1.25	0.46~12.03	0.60~1.60	0.01~0.37
22	80	5.4	1:10	2.0~6.0	1.05~1.25	0.46~12.03	0.60~1.60	0.01~0.38
22	50	5.0	1:10	2.0~6.0	1.05~1.25	0.46~12.03	0.60~1.60	0.01~0.42
34	80	6.3	1:10	2.0~6.0	1.05~1.25	1.05~22.92	0.70~2.10	0.03~0.80

注：淤积厚度指一侧边坡及底宽的均匀分布厚度，是自然密实后数值。

应该说明，上表淤积厚度最大的是在岸边 2.0 m 水深及泥沙容重 1.05 t/m³，同一个方向潮流及波浪作用的情况。在自然状况下，0.002 65 mm 粒径的泥沙沉积的湿容重为 1.368 t/m³，在这种情况下，泥沙是不易起动和输移的，但当有八、九级（无论哪个方向）风将岸边的泥沙掀动之后，当还未沉积密实时，即遇上一场大台风，此种情况则出现浮泥容重 1.05 t/m³ 输移的情况，对航道的威胁最大。另外，大风淤积初期，浮泥不可能密实，若以适航水深的容重 1.20 t/m³ 计，其淤积厚度应比自然状态下淤积的厚度大至 1.8 倍。

对宝安综合港区水域来说，浅水区开挖航道后发生浮泥骤淤的动力条件是很难同时具备的，赤湾站风浪观测资料显示，当地八级风出现的次数约为 3 次/a，七级风为 6~7 次/a，且强风向基本为 SW 向，持续时间不长，台风出现的次数仅为 0.3 次/a。最大实测波高约为 1.9 m，都未达到表 5-22 和表 5-23 所要求的风浪动力条件。因此，上述结果仅为假设条件下极限骤淤的估算情况，在正常年份是几乎不可能发生的。结果仅供设计部门参考。

5.6　小结

宝安港规划方案较多，各有利弊，需结合淤积状况、工程量及对环境的影响进行综合考虑。根据上面的分析与计算，可得到各方案的航道回淤量如表 5-24 所示，各方案的港池回淤量如表 5-25 所示。

大风期航道的骤淤强度见表 5-23。

表 5-24　各方案航道淤积量

方案	航道名称	航道尺度（m）		平均淤厚（m/a）	最大淤厚（m/a）	主槽淤积量（×10⁴ m³）	总淤积（×10⁴ m³）	第一年淤积量（×10⁴ m³）	挖方（×10⁴ m³）
		底宽	底高						
一	液化气码头航道	80	6.3	0.15	0.41	1.10	1.54	3.83	15.17
	人工岛外侧港池航道	80	5.4	0.24	0.36	1.34	1.61	2.26	7.30
	人工岛内侧港池航道	50	5.0	0.67	1.08	6.35	10.64		26.57
二、三	顺岸码头港池航道	80	6.3	0.52	1.07	10.82	19.11	25.35	93.41
		80	5.4	0.51	1.05	9.72	15.45	19.81	62.91
四	栈桥港池航道	80	5.4	0.47	0.59	2.62	3.12		7.30
五	挖入式港池航道	70	5.0	0.68	1.14	12.78	20.50	19.42	59.46
	栈桥式港池航道	80	5.4	0.34	0.52	1.92	2.33	2.33	7.30

表 5-25   各方案港池淤积量

方案	地点	淤积强度（m/a）	淤积量（×10⁴ m³）	备注
一	液化气码头	0.60	7.3	
	人工岛外	0.89	15.8	
	人工岛内	1.15	36.2	
二	顺岸栈桥	1.17	80.0	
三	顺岸实体	1.25	85.0	
四	液化气码头			
	栈桥码头	0.79	35.6	
五	小港池	2.0	50.0	小港池有回流，淤积增大
	栈桥码头	0.66	17.8	

6   优化方案的论证

6.1   方案筛选与调整

综合上述研究成果，我们将 5 个港区平面布置方案实施后各自的水流、泥沙以及对周围环境影响的情况列成表 6-1 以便对比。从表中各栏情况的描述不难看出，方案一（人工岛方案）和方案二、方案三与其他方案相对比较起来，条件要好一些，但仍存在一些不利因素，如方案一中人工岛内侧港池水流衰减幅度较大，港池和航道泥沙回淤强度都比较大；方案二和方案三因港池位于边滩附近浅水区，回淤情况比较严重。另外，这几个方案都把液化气码头与通用码头连在一起，相互之间存在一定的干扰。根据与设计部门分析讨论的结果，认为在方案一和方案三（方案二与方案三类似）原有布置的基础上，针对所提出的修改意见进行方案修改优化。对于人工岛码头来说，主要改动了两处，一是把液化气码头分离出去，移向北侧，独立布置，另一个措施就是通过增加人工岛纵向长度，扩大港池的水深，并将内港池原来的 -5 m 水深（3 000 吨级）降低为 -3 m（1 000 吨级）；对于方案三来说，主要是把液化气码头向北移一段距离，与通用码头分离开来，自行布置港池和航道。这样，我们就把这两个规划方案分别编号为方案六和方案七，其平面形态参见图 6-1，数学模型的采样位置如图 6-2 所示。

表 6-1　深圳宝安综合港区规划方案水流、泥沙情况综合评估

方案	分区	水流变化				泥沙回淤				评语
		港池		航道		港池		航道		
		流速	流向	流速	流向	淤积强度（m/a）	总量（×10⁴ m³/a）	淤积强度（m/a）	总量（×10⁴ m³/a）	
一	液化气码头	略减	略偏西	略增	涨偏西落不变	0.60	7.3	0.15	1.5	优点：环境影响小，回淤强度低。缺点：内港池维护难度较大，引桥段冲淤演变未卜
	人工岛外	减60%	涨偏西落偏东	略减	涨偏西落偏东	0.89	15.8	0.24	1.6	
	人工岛内	减70%	变化小南北端不一致	减40%	涨偏西落偏东	1.15	36.2	0.67	10.6	
二	顺岸栈桥	减60%	涨偏东落偏西	涨不变落略减	变化小	1.17	80.0	0.52	16.4	优点：简洁，环境影响小。缺点：港池回淤量大
三	顺岸实体	减70%	涨偏东落偏西	略减	变化小	1.25	85.0	0.52	19.1	同方案二
四	液化气码头	减20%	偏西	涨略减落略增	变化小	—	—	—	—	优点：泊位靠近深水，回淤量小。缺点：栈桥阻水对深槽和边滩水流都有一定影响
	栈桥码头	减65%	偏西	涨不变落略减	涨偏西落偏东	0.79	35.6	0.47	3.2	
五	小港池	锐减	回流	减40%	涨偏西落偏东	2.00	50.0	0.68	20.5	优点：栈桥靠深水，回淤小。缺点：小港池回流淤积量大，对深槽和边滩水流影响仅次于方案四
	栈桥码头	减40%	偏西	略增	偏西	0.66	17.8	0.34	2.3	
备注		①各方案航道走向与水流交角均在40°左右。②方案二和方案三统计港池回淤量时包括液化气码头在内。③方案四、方案五、方案一对交椅湾深槽的水流有影响；方案四、方案五、方案三、方案二对黄田机场客运航道的涨潮流有减小的影响。（排列顺序以影响程度大的在前）④若考虑西部城市规划岸线，方案二、方案三情况会有所改变								

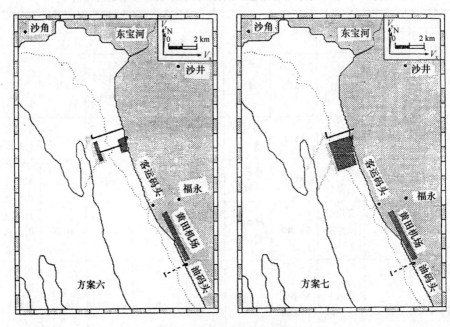

图 6-1   优选方案平面布置示意

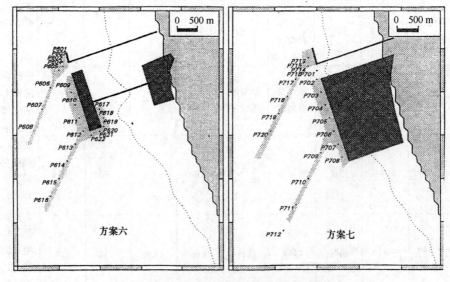

图 6-2   优选方案模型采样点布置示意

6.2　流场计算分析

采用数学模型针对方案六和方案七这两个优化方案进行了工程潮流计算，图 6-3 和图 6-4 分别是这两个方案的涨、落潮平面流场情况，与第 4 章中方案一（图 4-14）

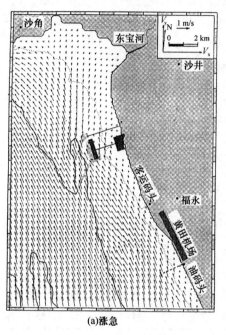

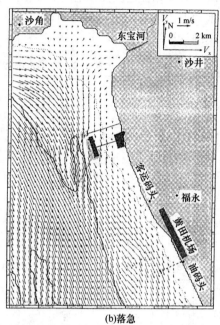

(a)涨急　(b)落急

图 6-3　方案六港区潮流流态

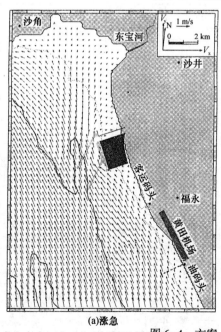

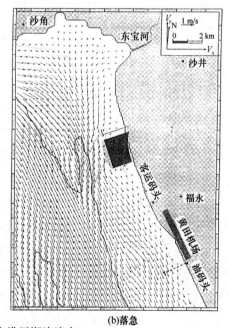

(a)涨急　(b)落急

图 6-4　方案七港区潮流流态

和方案三（图4-16）相比较，可以发现，液化气码头分离之后，其港池水流条件有所改善，它反映出单栈桥透空式码头布置形式对水流影响甚小的结果。与之相应的是，无论人工岛式实体码头，还是大顺岸式实体码头，对周围水域流场的影响与优化前基本相似，其港池流速虽然仍呈衰减趋势，但比优化前要强一些，情况是在向好的方面发展。另外这两个方案相互之间影响也相应减弱，这都是令人满意的。从总体上看，优化方案的港区水动力条件要比原方案有所改善。表6-2和表6-3具体给出了这两个方案潮流分布变化的计算结果。

表6-2 方案六港池航道流速、流向统计

编号	水深 (m)		涨潮						落潮					
			Ucp (cm/s)			Gcp (°)			Ucp (cm/s)			Gcp (°)		
	n	p	Un	Up	dU	Gn	Gp	dG	Un	Up	dU	Gn	Gp	dG
P601	2.1	6.3	44	16	−28	345	373	28	56	32	−24	167	193	26
P602	2.4	6.3	40	18	−22	343	370	27	67	35	−32	165	190	25
P603	2.1	6.3	45	13	−32	345	374	29	57	28	−29	167	193	26
P604	2.5	6.3	41	20	−21	343	369	26	68	40	−28	164	191	27
P605	3.1	6.3	42	31	−11	341	359	18	73	53	−20	161	183	22
P606	4.4	6.3	43	44	1	338	347	9	80	66	−14	158	172	14
P607	5.7	6.3	55	47	−8	337	338	1	74	88	14	158	165	7
P608	5.1	6.3	57	52	−6	334	331	−3	73	87	14	155	159	4
P609	3.0	5.4	42	20	−22	340	343	3	69	32	−37	159	164	5
P610	3.1	5.4	42	21	−21	340	338	−2	68	28	−40	159	160	1
P611	3.1	5.4	43	23	−20	339	336	−3	68	26	−42	160	158	−2
P612	2.5	5.4	45	26	−19	337	329	−8	72	23	−49	159	157	−2
P613	3.7	5.4	47	41	−6	337	323	−14	80	57	−23	160	157	−3
P614	5.3	5.4	49	48	−1	338	329	−9	84	80	4	161	158	−3
P615	5.9	5.9	49	49	0	339	333	−6	83	85	2	163	160	−3
P616	6.1	6.1	49	48	−1	338	334	−4	76	78	2	164	162	−2
P617	1.8	3.0	44	6	−38	342	337	−5	44	8	−36	161	158	−3
P618	1.6	3.0	45	10	−35	341	346	5	45	14	−31	162	167	5
P619	1.4	3.0	48	20	−28	340	340	0	47	26	−21	162	157	−5
P620	1.7	3.0	50	18	−32	337	353	16	50	21	−29	159	172	13
P621	2.0	3.0	52	3	−49	336	394	58	54	4	−50	158	230	72
P622	2.3	3.0	54	22	−32	336	280	−56	62	11	−51	158	111	−47
备注			"n"——无工程；"P"——方案；dU=Up-Un；dG=Gp-Gn											

表 6-3　方案七港池航道流速、流向统计

编号	水深（m）		涨潮						落潮					
			Ucp（cm/s）			Gcp（°）			Ucp（cm/s）			Gcp（°）		
	n	p	Un	Up	dU	Gn	Gp	dG	Un	Up	dU	Gn	Gp	dG
P701	0.9	5.4	41	23	-18	349	359	10	41	44	3	169	183	14
P702	0.7	5.4	42	13	-29	346	351	5	43	18	-25	167	174	7
P703	0.6	5.4	33	8	-25	341	345	4	40	10	-30	163	164	1
P704	0.6	5.4	34	8	-26	342	345	3	40	11	-29	164	164	0
P705	0.5	5.4	44	9	-35	341	345	4	41	11	-30	165	165	0
P706	0.5	5.4	44	8	-36	336	347	11	40	10	-30	159	167	8
P707	0.5	3.0	45	9	-36	332	341	9	40	12	-28	155	162	7
P708	0.5	3.0	49	17	-32	329	337	8	43	16	-27	152	161	9
P709	1.8	5.4	52	37	-15	335	344	9	55	39	-16	158	173	15
P710	3.2	5.4	46	48	2	332	331	-1	72	54	-18	156	163	7
P711	3.8	5.4	48	45	-3	334	331	-3	77	74	-3	159	161	2
P712	5.8	5.8	51	51	0	337	335	-2	80	81	1	163	163	0
P713	1.1	6.3	35	17	-18	348	366	18	39	27	-12	171	182	11
P714	1.2	6.3	37	16	-21	348	370	22	40	25	-15	168	182	14
P715	0.8	6.3	38	22	-16	346	367	21	42	26	-16	167	181	14
P716	0.9	6.3	40	24	-16	347	372	25	45	29	-16	167	187	20
P717	1.6	6.3	46	34	-12	346	368	22	55	42	-13	163	189	21
P718	2.3	6.3	42	41	-1	341	355	14	71	54	-17	160	177	17
P719	3.5	6.3	44	39	-5	338	345	7	78	69	-9	158	167	9
P720	4.7	6.3	47	45	-2	337	340	3	85	81	-4	157	162	5
备注			"n"——无工程；"P"——方案；dU=Up-Un；dG=Gp-Gn											

6.3　港区回淤估算

优化方案在总的格局上与原方案没有大的变化，因此回淤预报公式中的有关参数也无需作什么改变，唯一需要调整的就是港池、航道的流速、流向情况。根据表 6-2 和表 6-3 中所列出的水流变化结果，计算出的六、七两个方案的港池、航道泥沙淤积强度见图 6-5 和图 6-6。粗略估计，方案六：液化气码头港池淤积强度为 0.85 m/a，淤积量约为 10×10^4 m³/a，航道平均淤积强度为 0.22 m/a；通用码头港池-5.4 m 深度淤积强度为 0.85 m/a，-3.0 m 深度港池淤积强度为 0.4~0.7 m/a，淤积总量约为 25×10^4 m³/a，航道平均淤积强度为 0.18 m/a，回淤量约为 1.2×10^4 m³/a，比原规划方案一的泥沙回淤结果要小一点。方案七：液化气码头港池和通用码头港池的淤积强度为 1.10 m/a 左右，航道的平均淤积强度为 0.4 m/a，总淤积量为 99×10^4 m³/a，与原方案

三相比，虽然增加了一条航道，但淤积强度和回淤总量仍要小些。

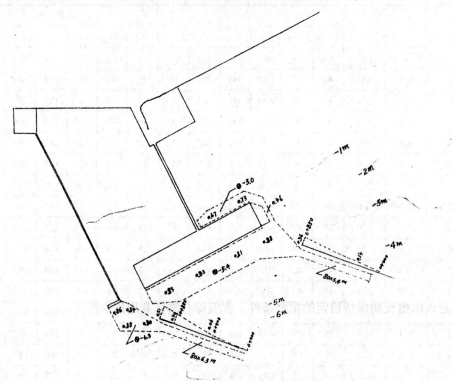

图 6-5　方案六港区回淤强度分布（单位：m/a）

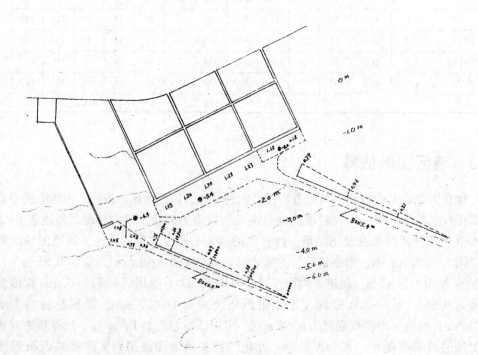

图 6-6　方案七港区回淤强度分布（单位：m/a）

6.4　小结

综合上述分析结果，可以认为，优化方案无论从水流方面，还是泥沙回淤方面，都要比原来的情况有所好转，因此，推荐这两个方案作为设计部门参考的依据。

7　结论与建议

7.1　结论

（1）伶仃洋涨潮流偏东，落潮流偏西，动力轴线稳定。港区所在水域受矾石水道潮流动力控制，径流影响较弱，深槽流速大，浅滩流速小，深槽落潮流大于涨潮流，边滩涨潮流强于落潮流，与主槽相比，边滩水流具有早涨早落的相应超前现象，因此在转流期间近岸区会形成局部回流。

（2）交椅湾口−5 m 深槽是与交椅湾共生的地貌环境系统，交椅沙沙尾与沙角之间通道则是该深槽长期保持稳定的重要条件。宝安综合港区利用该深槽进行规划建设，应重视交椅湾动力地貌环境的演变。

（3）滩槽演变分析表明，交椅湾深槽一百多年来一直比较稳定，槽形略向东移，速率约为 10 m/a；交椅湾边滩呈多年淤涨西延趋势，致使 0 m 与−5 m 之间边坡缩窄变陡，但变化十分缓慢。

（4）河床沉积物分析认为，港区所在的边滩和深槽河床质均为颗粒较细的淤泥和粉砂，当为伶仃洋悬沙长期冲淤沉积的结果；交椅沙和公沙则为颗粒较粗的细沙，通常是在河口喷射流作用下底沙输移至滩槽之间动国和过渡区扩散沉积的产物，两种不同沉积类型的分布对滩槽的塑造过程具有重要意义，港区规划应充分考虑这一特点。

（5）港区水域悬沙含量一般在 0.2 kg/m³左右，其分布通常是深槽小浅滩大。在风浪作用下，边滩的含沙量浓度将明显增大。这一点也是在港区规划时应当予以重视的。

（6）数学模型复演的港区天然流场分布具有深槽流速大于边滩，近岸水流早涨早落，转流阶段滩槽之间发生明显的环流等特点，需要引起我们的注意。

（7）方案计算结果表明：人工岛码头布置形式对港区周围水域的流场影响范围较小，大顺岸码头对港区外侧的潮流动力分布几乎没有影响，仅使港区上下游边滩的涨落潮流略有改变，长栈桥方案不仅引起码头上、下游水流受阻，而且较大地改变了交椅湾深槽的潮流动力分布环境，易引起港区周围水域的滩槽变迁。

（8）数学模型的方案计算结果还反映出码头挑流对港池水流的衰减影响，实体码头的挑流作用要大于透空式栈栈桥码头，多排栈桥的阻水效应大于单排或少排栈桥。

（9）航道内的涨落潮流速开挖前后变化不大，但水流与航道之间的夹角普遍偏大，一般都在 40°左右，容易引起泥沙在航道内落淤。

（10）边滩上建挖入式港池会引起比较强烈的回流，尤其在涨潮期间，回流最为严重。

（11）输沙率计算表明，港区深槽为落潮输沙，边滩则为涨潮输沙，因此选择水深较大处布置港区，从泥沙回淤的角度来看是比较有利的。

（12）各方面泥沙回淤预报结果显示：港池回淤大于航道，浅水区回淤大于深水区。一般情况下，港池年回淤强度为 0.6~1.2 m，航道年平均回淤强度为 0.2~0.6 m 之间，挖入式港池因是回流淤积，淤积强度可达 2 m/a。

（13）一场大风所引起的浅水区航道骤淤估计在 0.4 m 左右，在两场台风相继作用下浅水区航道的极限骤淤强度可达 0.8 m 以上，根据伶仃洋当地的自然环境分析，这种情况是极少出现的。

（14）综合上述成果，报告认为：宝安综合港区的规划布置原则应当是充分利用交椅湾深槽的水深条件，尽量减少对周围水动力环境的影响，注意与河口岸线规划相协调。相对比较而言，方案六和方案七是比较符合上述规划原则的，因此我们推荐这两个方案作为港区规划的优选方案。

7.2　建议

（1）交椅湾深槽的稳定对宝安综合港区的建设和发展关系非常密切，因此要重点保护该深槽的动力环境。交椅湾内不宜进行大规模的围垦，以免削弱其纳潮能力；交椅沙应保护其滩型稳定，防止滩槽之间动力分布发生大的改变。

（2）目前的港区布置因码头岸线突出于河岸，必然引起码头两端边滩的回流淤积，考虑到深圳城市规划中西部快速通道的规划岸线实施以后，情况可能有较大的改变，建议有关部门进一步开展这方面的研究论证。

（3）港区规划中液化气码头与通用码头最好分开布置，一方面可以减小水流泥沙的相互影响，同时也便于管理和今后的发展。

（4）进港航道的走向与主流的交角尽可能小一些，航道不宜过多，以免增加建设和维护负担。

（5）推荐的港区布置方案尚需进一步优化，如人工岛内侧泊位等级不宜过高，大顺岸码头两端采用斜面接岸形式可能较好一些，请设计部门考虑。

（6）作为一个新建港区，收集、积累当地的地形、水文、泥沙、气象等自然条件方面的基础资料非常必要，建议有关方面对此予以重视。随着宝安综合港区建设的不断发展，丰富完整的基础资料对科研设计水平和质量的提高有着不可估量的价值。

参 考 文 献

广东省航运规划设计院．深圳宝安综合港区预可行阶段水文测验成果报告．1997.

交通部广州航道局设计研究所．黄田机场油轮航道回淤分析报告．1988.

乐培九，阎金裸．深圳黄田机场港池及航道回淤分析．1988.

李春初，杨干然，等．伶仃洋沉积动力环境及航道选线研究．1993.

伶仃洋水文调查领导小组．伶仃洋水文调查资料成果汇编．1982.

罗肇森．河口航道开挖后的回淤计算．泥沙研究．1987，（2）.

辛文杰. 河口海湾潮流数值计算的几个问题. 水动力学研究与进展. 1993, (3).

徐君亮, 等. 珠江口伶仃洋滩槽发育演变. 北京: 海洋出版社, 1985.

应强, 等. 黄茅海海域内泥沙淤积范围的确定. 水科学进展. 1997, (1).

赵焕庭, 等. 华南航道水文泥沙调查. 全国科学大会, 1978.

赵晓东. 桩群阻力研究及模型码头桩群计算. 南京水科院研究报告. 1996.

中山大学地理系沙角电厂水文调查组. 沙角电厂附近海域水文调查报告. 1981.

Xin Wenjie. Computational Techniques of 2D Tidal Flow in Estuaries and Bays. China Ocean Engineering, 1995, 9 (4).